艺术体育
高校学术研究论著丛刊

# 体育课程教学优化及其与信息技术融合的探索

张力 著

中国书籍出版社
China Book Press

图书在版编目(CIP)数据

体育课程教学优化及其与信息技术融合的探索 / 张力著. --北京：中国书籍出版社，2019.11
ISBN 978-7-5068-7558-5

Ⅰ.①体… Ⅱ.①张… Ⅲ.①信息技术－应用－体育－教学研究 Ⅳ.①G807.01-39

中国版本图书馆 CIP 数据核字(2019)第 276300 号

## 体育课程教学优化及其与信息技术融合的探索

张　力　著

| 丛书策划 | 谭　鹏　武　斌 |
| --- | --- |
| 责任编辑 | 杨铠瑞 |
| 责任印制 | 孙马飞　马　芝 |
| 封面设计 | 东方美迪 |
| 出版发行 | 中国书籍出版社 |
| 地　　址 | 北京市丰台区三路居路 97 号(邮编:100073) |
| 电　　话 | (010)52257143(总编室)　(010)52257140(发行部) |
| 电子邮箱 | eo@chinabp.com.cn |
| 经　　销 | 全国新华书店 |
| 印　　刷 | 三河市铭浩彩色印装有限公司 |
| 开　　本 | 710 毫米×1000 毫米　1/16 |
| 印　　张 | 16 |
| 字　　数 | 211 千字 |
| 版　　次 | 2021 年 4 月第 1 版　2021 年 4 月第 1 次印刷 |
| 书　　号 | ISBN 978-7-5068-7558-5 |
| 定　　价 | 78.00 元 |

版权所有　翻印必究

# 目 录

## 第一章 体育课程教学的基本理论 ………………………………… 1
第一节 体育课程概述 ……………………………………………… 1
第二节 体育课程设置的基础 ……………………………………… 4
第三节 体育课程教学的基本知识体系 …………………………… 16
第四节 体育课程教学的科学研究 ………………………………… 24

## 第二章 体育课程教学现状及优化改革 …………………………… 32
第一节 体育课程教学现状分析 …………………………………… 32
第二节 体育课程教学改革发展的影响因素 ……………………… 53
第三节 学校体育课程与健康课程结合的新思考 ………………… 59
第四节 新时期体育课程教学改革的优化策略 …………………… 62

## 第三章 体育课程教学内容及其优化发展 ………………………… 66
第一节 体育课程教学内容的基本阐释 …………………………… 66
第二节 体育课程内容资源的选择与开发利用 …………………… 71
第三节 体育隐性课程与校本课程的科学开发 …………………… 77
第四节 体育课程教材的合理选编 ………………………………… 89
第五节 体育课程教学内容优化与发展对策的思考 ……… 94

## 第四章 体育课程教学方法与模式的体系构建与优化创新 ……………………………………………………………… 97
第一节 体育课程教学方法与模式概述 …………………… 97
第二节 体育课程教学方法体系构建 ……………………… 114
第三节 体育课程教学模式体系构建 ……………………… 118
第四节 体育课程教学方法与模式的优化创新 ………… 121

· 1 ·

## 第五章　体育课程教学设计与管理的优化发展 …………… 127
### 第一节　体育课程教学设计与管理的基本知识 ………… 127
### 第二节　体育教学过程的设计与计划 …………………… 130
### 第三节　体育课程教学活动的常规管理 ………………… 141
### 第四节　体育课程教学的质量与安全管理 ……………… 147
### 第五节　体育课程教学设计与管理的发展与完善 …… 151

## 第六章　体育课程与信息技术整合的基本理论构建 ……… 155
### 第一节　课程与信息技术整合的本质与内涵 …………… 155
### 第二节　体育课程与信息技术整合的理论基础 ………… 160
### 第三节　体育课程与信息技术整合的基本思路 ………… 180
### 第四节　体育课程与信息技术整合的常见模式 ……… 183

## 第七章　体育课程教学与信息技术深度融合的科学探索 …… 188
### 第一节　信息化体育教学环境的创建 …………………… 188
### 第二节　信息化体育课程教学的科学设计 ……………… 196
### 第三节　信息化体育学习资源的开发与管理 ………… 207
### 第四节　先进信息技术在体育课程教学中应用的典型分析 ……………………………………… 214

## 第八章　信息技术背景下体育教师信息化教学能力的培养 …………………………………………… 219
### 第一节　信息化教学对体育教师的素质要求 ………… 219
### 第二节　体育教师信息化教学能力的特点与构成 …… 236
### 第三节　培养与提升体育教师信息化教学能力的策略 …………………………………………… 240

## 参考文献 ……………………………………………………… 247

# 第一章　体育课程教学的基本理论

体育课程教学是体育教育工作开展的非常重要的一个环节，学校体育教育教学工作的开展离不开科学的体育课程设置与课程教学体系建设。本章主要就体育课程教学的基本理论知识进行研究，以深入解析体育课程的特点与规律，为体育课程科学设置与体育课程教学开展提供理论指导。

## 第一节　体育课程概述

### 一、体育课程基本概念解析

#### （一）课　程

"课程"一词是由希腊文演变而来的，原意是"跑马道"，后来被引申为学业进程或教学进程。在英文中，"课程"的含义是很不确定的，联合国教科文组织将"课程"定义为"在某一特定学科或层次的学习的组织"。

《简明国际教育百科全书——课程》中将"课程"的定义进行了归纳整理，其中涉及外国学者康纳利和兰茨所归纳的9种不同的具有代表性的课程定义。

一般认为，课程有广义和狭义之分，广义的课程是指学校为实现培养目标而选择的教学内容及其进程的总和，它包括老师教授的各种学科和有计划、有目的的教育活动；狭义的课程是指某一门学科，如体育课程。

课程对于不同教育系统的主体来说,具体内容不同:

(1)对于学校来说,课程是学校针对各项学科的进度安排。

(2)对于教师来说,课程是教师对所任学科教学的教学目标、内容、活动方式的总体规划与设计。

(3)对于学生来说,课程是学生所应学习的学科内容。

(二)体育课程

体育课程是课程的下位概念之一,是以体育学科为教学内容的课程。在学校教育教学体系中,体育课程属于基础学科,是小学、中学和大学的必修课程。

与其他学科的课程相比,体育课程以身体活动为主要特征,将理论与实际充分结合,促进学生身心全面发展。

## 二、体育课程的基本构成

体育课程的科学设置与实施是体育课程教学活动顺利开展和体育课程教学效果优化实现的重要基础,想要了解体育课程,就要明确体育课程的以下基本构成要素。

(一)学 生

学生是体育课程教学活动的重要参与者,是教学的主体。学生作为主体因素最为活跃,体育教学若离开学生就没有存在的意义了,因为没有学生就没有教学。体育课程的设置与存在,必须要将学生这一要素考虑在内。

(二)教 师

教师也是体育教学活动的重要参与者,在体育教学的师生互动过程中,教师是重要的引导者,所以离开教师或学生任一方,都不能构成教学,教学活动也无法组织开展,教师是体育课程存在的重要要素之一。

在体育课程教学中,教师作为体育教学的组织者与指导者,其发挥的作用是主导性的，如果没有教师这一角色，缺少教师这一主导因素，体育课程的设计与实施都将无法实现，且学生在缺乏指导与组织的条件下是无法顺利学习的。

（三）教学目标

教学目标能为体育课程的设置、设计提供一个总体方向，体育教师开展教学活动，要以体育教学目标为依据和导向，没有目标，便没有方向。

体育课程是一个复杂的、多内容的教学课程，具体的教学活动的开展必须有明确的课程目标作指导，否则体育课堂教学活动的开展将很难取得效果。体育课程教学目标具有多层次性，各层次目标指导各层次教学活动的开展，彼此不可替代。

（四）教学内容

教学内容是体育课程的内在，体育课程中，教学内容由两部分组成：一是课程，即内容的实体；二是教科书，即内容的载体。学校以教科书、社会要求、学科体系、学校条件和学生需要为参考依据，设计教学内容，实施课程教学。

（五）教学方法

体育课程的构成与顺利实施都离不开教学方法，教学方法是体育课程教学活动开展的重要基础。在体育课程教学中教师能否选用科学合理而又有效的教学方法，直接影响体育课程教学目标的实现。

教学方法与体育课程教学目标、教学内容、学生（特点、基础、兴趣爱好）等要素具有非常密切的关系，在体育课程教学中影响着教师主导作用的发挥、学生主体价值的实现以及教学内容的落实程度。另外，教师能否引导学生选择适合自己的学习方法直接关系着学生的成长与进步。

### (六)教学过程

在体育课程教学系统中,教学过程是最中心的因素,它在时间和程序上支撑着体育教学的发展,不可或缺,是体育课程教学组织和管理的具体实施基础。

### (七)教学环境

体育课程从理论到实践,需要一定的体育教学环境作为支撑,体育教学环境的优劣直接影响体育课程教学的效果和目标的实现程度。在体育课程教学体系中,教学环境作为一个基本要素所产生的影响不可低估,甚至体育课程教学目标能否实现在很大程度上也会受到体育教学环境的影响。

### (八)教学评价

教学评价与其他教学要素的关系都很密切,教学评价中参考的指标既有关于教师"教"的指标,也有关于学生"学"的指标。

体育课程既包括体育科学理论,也包括体育运动实践,是一门将理论与实践联系在一起的综合性体育文化科学基础课程。体育课程教学评价涉及体育课程理论教学、体育课程实践教学各方面的评价,有效发挥教学评价的反馈作用对提高体育课程教学效果有很大的帮助。

## 第二节　体育课程设置的基础

### 一、体育课程设置的学科基础

#### (一)生理学基础

体育课程是以身体活动为主的教学课程。教学中,学生在教师的引导下进行各种身体活动训练,以此来掌握运动技能、提高体能素质和运动水平。

体育课程教学中,教师应结合必要的运动生理学知识安排课程教学,教学中也要注重向学生传授必要的运动生理学常识,以规范学生的体育学练。

教师进行体育课程设置,学生有效参与各项体育教学活动,应掌握以下运动生理常识。

1. 运动的生理本质

无论是室内还是室外体育课程教学活动,身体训练始终都是教学的重点和难点,学生在参与各种体育运动训练的过程中,身体接受各种运动刺激后,会有生理和心理两个方面的变化,而体能训练效果的获得就有赖于运动者的各种适应性的身心变化。学生在参与体能训练的过程中,从有机体在体能训练开始前的安静状态一直到体能训练的结束,其身体需要经历一个对运动训练负荷的耐受、适应过程,一旦身体适应了当前的运动训练负荷刺激,就说明学生的体能素质获得了相应的提高。

学生进行运动技能、体能学练及掌握正确技术动作的过程,就是学生适应运动训练内容及负荷,建立有机体的运动生物条件反射的过程。

2. 运动中的机体物质代谢

人体参加运动,体内物质代谢提供运动能量、运动营养,维持正常机体生理活动。运动中的机体物质代谢过程具体分析如下。

(1)糖代谢。

糖类是人体活动重要的供能物质。人体在运动前将饮食中的糖摄入体内后,糖经过吸收进入血液,形成血糖,血糖再进一步合成糖原,储存为肝糖原、肌糖原。或者糖结合体内非糖物质合成葡萄糖或糖原。体内的糖储存可在人体参与运动时被分解为机体运动所需的能量。

运动中,人体的糖经过有氧氧化、酵解,释放能量,以满足机体运动需求。

(2)脂代谢。

人体中,脂肪的代谢过程具体如下。

①水解:脂肪在体内水环境中被酶解。

②转化:脂肪形成甘油、游离脂肪酸、单酰甘油等小分子物质。

③吸收:脂肪被人体吸收,有两种方式:一种是在小肠被上皮细胞直接吞饮脂肪微粒形成乳糜微粒,再被吸收;另一种是较大分子的脂肪进入淋巴管,再扩散到毛细血管。

④储存:脂肪主要储存于器官的周围、皮下等位置。

⑤分解:脂肪分解代谢可为机体的运动供能。

(3)蛋白质代谢。

蛋白质是人体的重要生命物质构成。人体的生理活动离不开体内蛋白质的参与,蛋白质通过两个步骤即可完成分解:第一步,在消化液的帮助下,蛋白质分解成氨基酸,在小肠被吸收,再进入血液;第二步,氨基酸脱氨基,生成氨、$CO_2$和水。

蛋白质参与人体生理活动可维持机体器官和系统正常工作,也能为运动提供极少的一部分能量。

(4)维生素代谢。

维生素是人体必需的营养物质,人体的许多生理代谢活动均需要维生素的参与。人体不能合成维生素,主要从食物中获取。

维生素在体内的存在情况会对运动者的运动能力产生重要的影响,如果体内的维生素含量不高,则机体的许多生理代谢活动会受到影响,可进一步影响机体的运动能力;如果维生素缺乏,则会导致机体不能正常运转,且不能维持机体参与运动。

(5)无机盐代谢。

无机盐,也称矿物质,它在人体代谢中发挥重要作用,可调节体内渗透压和酸碱平衡,对机体的正常生理代谢具有重要的影响。无机盐含量发生较大变化,可导致机体代谢紊乱,进而对运动产生不良影响。

(6)水代谢。

水是生命构成的重要物质,人体短时间内可以不摄取食物,但一定不能缺水。

人体获取水,主要通过饮食、饮水方式,有机体充足的水分可促进生命保持健康状态,也可确保机体参与运动的良好生理状态。人体的水代谢排出,主要通过皮肤、肺以及随粪便排出。运动训练中,水主要是以出汗的形式流失,大量出汗可导致机体失水,进而引起各种不适,影响运动能力。

体育课程中,教师安排了较长时间、较大负荷的运动训练时,应注意在休息间隙提醒学生科学补水。补水原则如下。

①少量多次。

②补大于失。

③补水同时注意补盐。

3. 运动能量代谢

体育课程设置教师应了解人体能量代谢规律与特点,科学安排学生参与各种内容与形式的运动技能、体能学练。

人体三大供能系统的工作规律与特点如下。

(1)磷酸原系统代谢供能。

ATP(三磷酸腺苷)、CP(磷酸肌酸)是人体高能磷酸基团,它们分解释放供能,称为磷酸原或 ATP-CP 供能系统。

ATP 是人体唯一的可直接利用的能源,分解供能如图 1-1 所示。

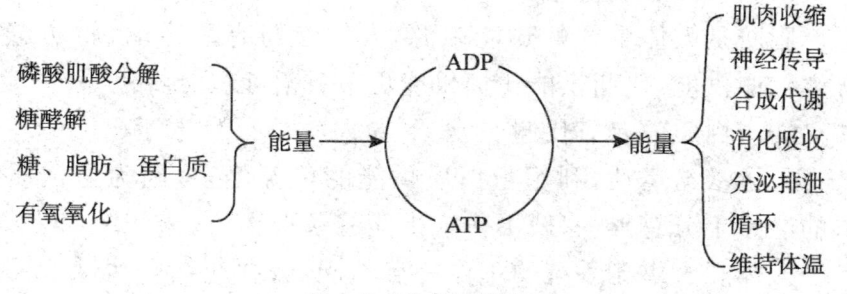

图 1-1 分解供能图

CP分解释放能量用于重新合成ATP,但储存量有限。

CP和ATP是大分子物质,不能直接被吸收,主要储存在肌细胞中,可被细胞快速、直接利用,能量输出功率高。

在人体的生理活动和人体参与运动中,ATP-CP系统是最主要的能量来源。通常,长时间的运动过程中,ATP-CP系统可一边供能一边恢复,但是如果训练密度不足,则不利于ATP-CP系统供能能力的提高。

体育课程中,教师了解人体的ATP-CP系统供能特点,可有针对性地安排学生参与体育运动训练。

(2)糖酵解系统代谢供能。

糖分解可释放能量供人体完成活动、运动。糖酵解的原料是肌糖原,分解供能过程中伴有乳酸产生,故称乳酸能系统。糖的酵解供能(ATP)过程用公式表示如下:

$$骨骼肌糖原或葡萄糖 \xrightarrow{糖酵解} ATP + 乳酸$$

糖酵解系统供能可供体内急需,但无法支持机体参与持续时间在10秒以上且强度很大的运动。

(3)有氧氧化系统代谢供能。

在氧气供应量充足时,体内的糖、脂肪和蛋白质都可以氧化供能。

①糖的有氧代谢。

运动中,氧供应充足时,肌糖原或葡萄糖可被彻底氧化分解成$H_2O$和$CO_2$,并释放大量能量。

②脂肪的有氧代谢。

脂肪是人体重要的热能来源,人体参与有氧运动,脂肪进行分解代谢供能,代谢供能比糖供能更节省氧耗、更经济。

③蛋白质的有氧代谢。

人体参与运动,利用蛋白质供能的情况不多,因为蛋白质提供的能量十分有限,一般不作为供能的备选物质。

人体三大供能系统的工作特点不同,教师应结合运动所需和机体供能特点科学安排各类教学活动,有针对性地促进学生不同

## 第一章 体育课程教学的基本理论

机能的发展(表 1-1、图 1-2)。

**表 1-1 三大供能系统的特点**

| 供能系统 | 能源物质 | 输出功率 | 供能时间 |
|---|---|---|---|
| ATP-CP 系统 | ATP、CP | 最大 | 最大为 6~8 秒 |
| 糖酵解系统 | 肌糖原、血糖 | 约为 ATP-CP 系统的 50% | 30~60 秒达到最大,可维持 2~3 分钟 |
| 有氧氧化系统 | 肌糖原、血糖 | 约为糖酵解系统的 50% | 1~2 小时 |
|  | 脂肪 | 约为糖酵解系统的 20% | 理论上无限 |

```
                    运动时物质和能量代谢体系
                    ┌──────────┴──────────┐
                 无氧代谢                有氧代谢
              ┌─────┴─────┐                │
          磷酸原代谢      糖酵解              │
```

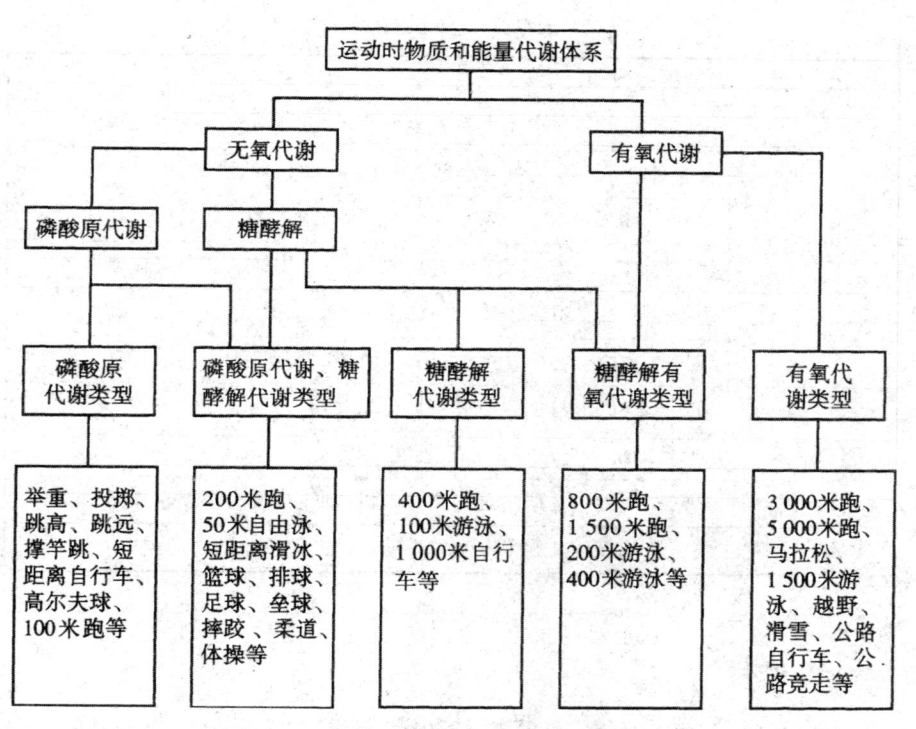

| 磷酸原代谢类型 | 磷酸原代谢、糖酵解代谢类型 | 糖酵解代谢类型 | 糖酵解有氧代谢类型 | 有氧代谢类型 |
|---|---|---|---|---|
| 举重、投掷、跳高、跳远、撑竿跳、短距离自行车、高尔夫球、100米跑等 | 200米跑、50米自由泳、短距离滑冰、篮球、排球、足球、垒球、摔跤、柔道、体操等 | 400米跑、100米游泳、1 000米自行车等 | 800米跑、1 500米跑、200米游泳、400米游泳等 | 3 000米跑、5 000米跑、马拉松、1 500米游泳、越野、滑雪、公路自行车、公路竞走等 |

图 1-2 运动时物质和能量代谢体系图

### (二)心理学基础

体育课程设置中应充分关注学生心理,如此才能更好地调动学生对体育课程的兴趣与学习的积极性。

具体来说,教师应充分了解学生的心理因素,具体如下。

### 1. 动机

动机是个体的内在过程,是个体从事各种运动的心理及内部动力。动机对个体的行为具有始发(引发个体活动)、指向或选择、强化(或减弱)作用。

学生动机不同,是否喜欢上体育课、是否对体育课程教学活动的安排有浓厚的兴趣和积极性等都会有不同的表现,因此,进行体育课程设置,教师应了解学生学习与参与动机的多样化(表1-2)。

表1-2 动机分类

| 分类依据 | 动机类型 | 动机表现 |
| --- | --- | --- |
| 动机起源 | 生理性动机 | 与个体生理需要相关,如饥、渴、性、睡眠等动机 |
| | 社会性动机 | 与人的社会性需要相关,如兴趣、成就、权力等 |
| 动机原因 | 内在动机 | 不受外界条件影响,如个体从事运动获得内心快乐 |
| | 外在动机 | 受外界条件影响,如努力工作挣钱而非兴趣使然 |
| 动机作用 | 主导性动机 | 引发个体行为的主要性、支配性动机 |
| | 辅助性动机 | 在引发个体行为时发挥次要作用 |
| 动机行为与目标关系 | 近景动机 | 与个体的近期目标相关 |
| | 远景动机 | 与个体的长远目标相关 |
| 动机行为带给个体的体验 | 丰富性动机 | 又称满足和兴趣动机,动机引发行为追求快乐 |
| | 缺乏性动机 | 又称生存和安全动机,如不能达成目标会痛苦 |

### 2. 认知

学生的认知具有一定的规律性和特点,如不同年龄阶段的学生的认知水平不同,需要结合学生的认知水平与特点来进行体育课程设置。

学生个体/群体的认知表现如下。

(1)认知与生俱来,也受外部环境、心理等多种因素影响。

(2)人认识事物是由表及里、由外及内、由浅入深,不可逆。

(3) 认知受年龄因素影响。
(4) 认知受知识因素影响。
(5) 认知受经验、阅历影响。

良好的认知能力能使运动者更加清楚地理解训练原理、运动规律、技术特点、动作方法等,从而优化训练。教师进行体育课程设置也应充分考虑学生个体/群体的认知情况,并通过教学课程设置促进学生个体/群体的认知发展。

3. 情绪

心理学认为,情绪是影响人体心理活动的重要心理因素,良好的情绪能促进人体运动能力的提高,使人积极主动、持之以恒;不良的情绪使人精神不振、注意力不集中。

体育课程设置应关注学生情绪,通过科学合理的体育课程设置使学生保持学习激情,积极参与、勇于尝试与探索。

体育课程教学中身体实践占据相当一部分内容,在体育课程教学过程中,体能训练和运动技能练习必不可少,而这又是一个艰苦的过程,运动者在这一过程中的情绪体验往往是消极的,如情绪焦躁、注意力不集中,如果教师能善于观察学生,注重在教学活动中调动学生的情绪,可提高学生的注意力,使学生将注意力集中于技术动作练习和体能训练本身,避免思想不集中而受伤。情绪对课程教学的影响重大,因此,教师应注意具体课程内容、课程组织形式的科学设置,避免教学过程的枯燥。

4. 注意力

注意力是个体心理活动对一定对象的选择性指向和集中,是个体的一种心理状态。

正如前面所说,体育课程教学活动中,身体活动是非常重要的教学内容,教师合理设置课程内容、形式,在教学中能有效吸引学生的注意力,进而可提高教学效果。

此外,运动实践表明,技能与体能训练能促进运动者注意力的提高,使运动者的注意力始终凝聚集在运动训练本身,这有助于促进运动者对运动内容和技能的掌握。注意力是运动员运动能力的重要组成内容,良好的注意力可使运动者在体能训练中更加集中精力,这对于完成正确的动作和避免训练损伤意义重大。基于此,教师应注意在体育课程教学安排中有针对性地加强对学生的注意力训练。

5. 意志力

意志与行动之间具有密切的关系,它是个体为了实现目标坚持行动并自觉克服困难的一个心理过程。

促进学生的意志力发展是体育课程教学的重要目标之一,体育课程设置应关注学生的意志力发展,教师应注意对学生意志力的评价与培养。

在体育课程教学中,体育教师科学安排运动训练,可以有效提高学生的意志力,学生坚持参与技能和体能训练的过程,也是意志品质提高的过程。体育学练过程中,学生面对各种学习训练困难,良好的意志力可坚定学生的学练信心,延缓和减轻运动疲劳,促使学生坚持完成学练。

在体育课程教学中,教师可以发现一个很普遍的现象,如果本次课的教学任务比较艰巨,则基础薄弱者面对一些技术难度大、高强度的负荷会有畏惧心理,坚定的意志可以帮助学生克服这种不良心理,进而顺利完成动作。体育课程教学中,教师应注意鼓励学生,"再坚持一下"就能完成学练任务,使学生在艰苦学练之后获得成就感,这对于培养学生的意志力和体育兴趣具有重要意义。

(三)传播学基础

传播就是信息的传递(图1-3)。信息传播系统包括四个要素:信息发送者、信号、信息通道、信息接受者。

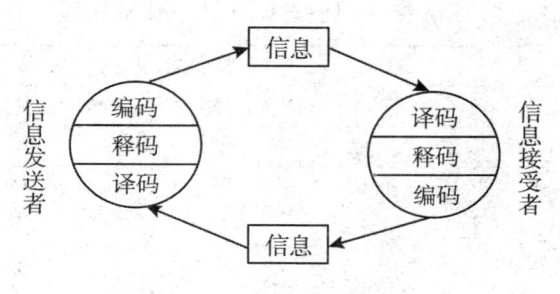

图 1-3 信息传播系统

传播学研究认为,教学过程也是一个教学信息传播的过程,在体育课程教学中,教师是信息的传播者,学生是信息的接受者,体育课程教学内容就是所要传授的教学信息。

在传播学发展中,关于信息传播的研究可在教学系统中得到一一对应。

美国政治学家哈罗德·拉斯韦尔提出了大众传播的"5W"公式,将信息传播的过程分为五个基本要素,该传播模式引入体育教学与体育课程教学要素的对应见表1-3。布雷多克提出了传播的"7W"模型,将信息传播过程分为七个基本要素,该传播模式引入体育教学与体育课程教学要素的对应见表1-4。

表 1-3　5W传播模型与体育教学传播过程分析

| 5W | 含义 | 传播要素 | 体育传播过程要素 |
| --- | --- | --- | --- |
| Who | 谁 | 传播者 | 教师或其他教学信息源 |
| Says What | 说什么 | 讯息 | 教学内容 |
| In Which Channel | 通过什么渠道 | 媒体 | 教学媒体 |
| To Whom | 对谁 | 受体 | 教学对象 |
| With What Effect | 产生什么效果 | 效果 | 教学效果 |

表 1-4  7W 传播模型与体育教学传播过程分析

| 7W | 含义 | 传播要素 | 体育教学传播过程要素 |
|---|---|---|---|
| Who | 谁 | 传播者 | 教师或其他教学信息源 |
| Says What | 说什么 | 讯息 | 教学内容 |
| In Which Channel | 通过什么渠道 | 媒体 | 教学媒体 |
| To Whom | 对谁 | 受体 | 教学对象 |
| With What Effect | 产生什么效果 | 效果 | 教学效果 |
| Why | 为什么 | 目的 | 教学目的 |
| Where | 在什么情况下 | 环境 | 教学环境 |

运用传播学知识指导体育课程设置，教师应明确以下两点内容。

首先，体育教学过程是一个双向性的活动过程。信息的传播是信息传出者和信息接收者的双向互动过程，信息反馈非常重要。体育课程教学中，教师向学生传递教学知识，不能一味地"填鸭式"教学，要重视学生的学习反馈，体育教学必须重视"教"与"学"两个方面，教师应充分利用反馈信息，随时控制、调整、完善体育教学过程。

其次，传播过程要素构成体育教学设计过程。信息传播过程与体育教学过程的要素一一对应，在体育课程设置中有必要进行受众分析、媒体分析、过程分析及效果分析（表 1-5），以明确体育课程中的学习需求、学习内容、教学媒体、教学评价等因素，并做出最优选择。

表 1-5  传播过程要素与体育教学过程要素对应

| 传播过程要素 | 体育教学设计过程要素 |
|---|---|
| 为了什么目的 | 学习需要分析 |
| 传递什么内容 | 学习内容分析 |
| 由谁传递 | 教师、教学资源的可行性 |
| 向谁传递 | 教学对象（学生）分析 |
| 如何传递 | 教学策略选择 |
| 在哪传递 | 教学环境分析 |
| 传递效果如何 | 教学评价 |

## 二、体育课程设置的环境基础

### (一)教学硬件环境

外界环境是影响体育课程设置的重要因素,直接决定了体育课程的开设类型与教学组织形式。

体育课程教学需要一定的教学物质条件支持,如果缺乏必要的教学场地、设施、器材等,则课程教学无法正常开展。

体育课程设置类型是理论课还是实践课,需要看是否有必要的教学场地,如果学校缺乏教学场地、没有室内体育场馆,则遇到阴雨、大风等恶劣天气,只能在室内开展理论课教学。这种情况较少出现。

体育课程教学活动的开展需要必要的教学物质基础设施支持,如多媒体教学需要多媒体教学技术及相关教学设备支持;信息化网络教学需要信息技术及其相关教学设备支持;户外技能与体能训练、教学竞赛活动组织也需要相应的运动器材、比赛设备、场地支持。

总之,体育课程设置要充分考虑当前必要的教学硬件环境特点。

### (二)教学软件环境

**1. 课堂教学情境创设**

体育课程教学中,教师调动学生的学习积极性与主动性,应注重良好教学环境的创设。

体育教学情境的创设有很多种方法,具体如下。
(1)从学生活动的角度来创设体育教学情境。
(2)从教学内容的角度出发创设体育教学情境。
(3)从体育教师生动的讲解角度出发创设体育教学情境。
(4)从教学媒体运用的角度出发创设体育教学情境。

### 2. 校园体育文化氛围

体育课程设置不仅要考虑课堂教学环境,还要考虑整个学校的体育文化环境。教师应结合本校的体育文化环境来有针对性地、机动灵活地进行课程设置。

学校设置体育课程,应充分考虑整个校园体育文化氛围的营造,尽量给予教师和学生教与学的自由,建设内容丰富、形式多样的体育课堂。如开展多媒体教学、体育俱乐部教学、组织体育教学竞赛活动,并促进课内—课外教学一体化。

## 第三节 体育课程教学的基本知识体系

### 一、体育课程教学的性质与特点

#### (一)体育课程教学性质

##### 1. 体育课程教学的根本性质

体育,以身体教育为根本教学目的,以身体活动为主要教学开展形式。当前体育课程教学中,运动技能的教学是最重要的教学形式,通过组织学生参加各种形式的身体活动,使其掌握动作、学习技能、提高身体素质和运动能力。

在体育课程教学中,尽管从事任何一项体育运动都需要一定的体能素质基础,各运动项目的基础体能素质练习具有一定的相通性,但是任何一个体育运动项目的技术动作学习,都需要学生从"零"开始。一个篮球高手要掌握足球技术,也必须从最基础的体能训练和技术动作开始学习,不同项目之间的技术动作不具有互通性。

运动技术教学是体育教学的本质,具体可以理解为运动操

## 第一章　体育课程教学的基本理论

知识,学生只有先学会运动操作知识,运动技能才会在其长期的学习与练习中逐渐形成。体育课程教学中,学生掌握体育项目的运动技能都需要经过反复学习与练习,并且需要经历认知阶段、练习阶段与完善阶段,学生经过不断学习,在每一个阶段都能有所收获。

2. 体育课程教学与其他学科教学的区别

根据学科的教学内容来进行划分,大体可以将学校教育中的各学科教学分为两类:一类是以理论性为主的教学;另一类是以实践性为主的教学,前者包括语文、数学、英语、物理、生物等学科,这些学科教学偏重于理论学习,后者包括体育、音乐、美术等学科,侧重于提高学生的实践能力。

理论性教学以大脑思维活动为主,实践性教学以身体活动为主。这两种教学内容之间有密切的关系,但彼此之间又有明显的不同。

(1)体育与理论性学科教学的区别。

①教学环境。

体育课程教学以户外环境为主,学生学习体育主要是进行各种身体练习,通过肢体和有机体的各种器官和系统的相互作用,来学习与掌握运动技能。

语文、数学、英语等课程的教学主要是在室内开展,学生主要通过听教师讲解和对具体的字词句、公式的背诵、理解、运用来完成学习。

②教学功能。

体育课程教学中,重点促进学生身体素质的发展,主要实现教学的体育价值,兼有促进学生心理素质发展、智力发展、审美发展、社会性发展等价值。

语文、数学、英语等课程的教学主要是促进学生思维和智力的发展,在身体发展方面,仅仅需要身体某一部分的参与。

③教学活动。

体育课程教学中,学生掌握具体的课程教学内容,必须进行一定的身体练习,承受一定的生理负荷,这是学生参与教学活动的重要前提。学生在体育学习中,尤其是学习与掌握运动技术时,机体承受一定的生理负荷,这会影响其各种器官的发展,引起应激反应,如呼吸加速、心率加快等。

语文、数学、英语等课程的教学中,学生主要是通过大脑思维,与教师进行课上的问答配合、书面测试等来完成学习任务,教学过程中教师更重视学生的智育,重视学生语言智力、数理智力、逻辑智力等的发展与提高。

④教学互动。

在体育课程中,学生进行技术动作学练,往往需要同伴的配合,需要教师的助力或阻力帮助,学生与学生、教师与学生之间的身体接触在所难免。这有利于缓解身心压力,同时能够培养学生的社会适应能力。

语文、数学、英语等课程的教学中,学生之间的身体接触几乎不存在,这是基本的教学纪律。

(2)体育与其他实践性教学之间的区别。

体育课程属于身体性学科课程的一种,但它和其他实践性学科的教学也存在着本质的区别。

体育课程教学侧重于通过身体活动参与促进学生的身体感知觉、运动水平、运动心理、运动审美、社交智力等的发展。

音乐、美术也属于实践性学科,但和体育教育的全面性的身体活动教育方式方法不同,音乐与美术侧重于身体局部器官和系统的调动,在教学目标上,音乐教学以培养学生的乐感、节奏智力为主;美术教学以培养学生的物体视觉、空间智力为主。

单从教学环境上来说,体育课程教学在户外环境中开展得较多,且学生需要承担一定的生理负荷,而音乐教学以室内环境为主,美术教学则室内、户外均可。

从教学身心负荷方面来说,在美术教学与音乐教学中,学生几乎不承受生理负荷,但要承受心理负荷。

体育、音乐、美术三门学科的课程教学都有美育功能,但三者在培养学生审美能力和创造美的能力方面的侧重点不同,三个学科的教学分别注重学生的运动美、音乐审美、空间审美等的培养。

总之,体育教学中,运动技能教学是最重要的教学内容与教学形式,体育育人也将传授运动技能作为最主要的方式。运动技能教学是我们区分体育教学与其他学科教学的一个重要指标,可以说这是体育教学与其他教学活动的本质区别。

(二)体育课程教学特点

通过分析体育课程教学的本质以及体育课程教学与其他学科课程教学的区别,可以总结出体育课程教学具有以下基本特点。

(1)户外教学环境。
(2)教学活动开展以身体练习为主,兼具思维活动。
(3)学生承受身体、心理双重负荷。
(4)师生互动。
(5)实践教学以运动技术教学为主。
(6)身体接触、人际交往频繁。
(7)需要机体自我操作与体验。
(8)发展学生运动感知力、控制力、运动智力等。

## 二、体育课程教学的目的与任务

(一)体育课程教学目的

传授体育知识和技能是体育课程教学的主要目的。体育课程教学是学生对"知识与技能"进行传承的一种独特方式,实质上也在传承体育文化。

在体育课程教学中,教师应通过理论课程教学积极传播体育运动理论和文化知识,并促进学生全面掌握。这是体育运动教学的重要任务之一。

体育运动知识内容广泛,包括理论知识和技能知识,从"教"与"学"的角度来说,体育技能知识是一种"身体的知识"。体育课程教学主要是通过改造学生身体,丰富和强化学生的"身体的知识"。

## (二)体育课程教学任务

体育课程教学旨在完成以下教学任务。

### 1. 增强学生体质、体能

运动可增强个人体质,通过体育教学活动的开展,组织和引导学生进行多种形式的身体活动练习,有助于给予学生有机体最直接的身体刺激,有助于促进学生体质健康水平的提高,有助于增强学生体质,全面提高其健康水平。

身体健康是个人健康的重要基础,学生若能保持良好的体能,则身体会更健康、精力会更充沛、学习效率会更高,会更容易适应环境,且学生会感到生活很美好、生命有价值。

从体育教学发展来看,增强体能,全面提高健康水平不仅对学生个体的成长有利,更对国民整体体质健康水平的提高与改善具有重要现实意义。要使国家和民族强盛,民众健康是重要基础,而同时,增强青少年学生体质、体能是国民健康发展的重要基础。

### 2. 丰富学生体育运动知识

学生在基础教育阶段系统学习体育运动知识,能够形成良好的体育素养,并有助于科学地参与运动实践。

体育课程教学中,学生应掌握以下丰富的体育知识。
(1)体育动作的正确概念。
(2)体育动作的技术原理。
(3)体育动作与音乐的配合技巧。

(4)体育心理知识。

(5)体育营养知识。

(6)体育训练知识。

(7)体育健康保健常识。

3. 提高学生运动技能

与学校其他学科教学不同,体育教学主要是身体活动,通过体育教学活动的开展,学生可以学习和掌握运动技能。

在体育教学中,合理参与体育教学活动,一方面,能使青少年学生很快掌握运动技能;另一方面,学生在学习运动技能的过程中产生的良好情感体验,对其学习复杂的体育运动技能又能起到促进作用。

体育教学应促进学生掌握以下运动技能。

(1)体育动作的构成、组合、连接、节奏等。

(2)体育一般体能训练内容与方法。

(3)体育专项体能训练内容与方法。

(4)运动参与后的科学恢复方法。

(5)基本形体的训练方法与不良形体矫正。

(6)操舞类动作与音乐的配合及动作组合、创造、创新。

(7)一些个人竞技类项目及球类运动,掌握战术、战术配合。

4. 促进学生心理健康发展

培养学生良好的心理素质是体育课程教学的主要任务之一,体育运动有突出的竞争性、交往性、实践性等特点,体育教学、课外体育、运动训练、体育竞赛等学校各种体育活动对培养与提升学生的心理素质有重要意义。

体育课程教学具体应促进学生以下心理方面的健康发展。

(1)陶冶情操、感受运动乐趣。

(2)丰富运动情感体验,保持健康向上、积极乐观的心态。

(3)培养学生正确的体育道德观、价值观、审美观。

(4)培养学生的自信心。

(5)培养学生的坚强意志、挫折承受能力。

(6)培养学生的竞争能力、合作能力。

(7)使学生养成参与体育运动的良好行为习惯。

(8)提高运动智力水平。

(9)改善情绪状态。

(10)消除心理疲劳,缓解心理压力。

(11)治疗心理疾病。

5. 提高社会适应能力

学生在体育活动中接触、体验各种情境的方式更直接、生动和集中,如竞争、合作、角色和角色转换、赞扬、规范、成功、失败、处罚等近似于社会上所能遇到的情境,各种丰富多彩的运动体验有助于学生社会适应能力的提高。

体育教学具体应促进学生以下社会适应能力的发展。

(1)培养和提高学生的竞争、合作意识与能力,这是个人心理素质和社会适应能力相结合的一部分素质内容。

(2)提高学生的运动技能应用和实践能力,如语言表达能力以及肢体语言表达能力。

(3)提高运动审美、创造美的能力。

(4)提高体育活动组织、表演、领导能力。

(5)提高学生的创造、创新能力。

(6)促进学生规范意识和集体荣誉感的强化。

(7)促进良好道德行为习惯的养成。

未来社会,每一个人都面临复杂和激烈的社会竞争,体育在未来很长一段时间内都不会从人们生活中消失,甚至会得到越来越多的关注。也正因为这一因素,体育教学中必须注重学生对体育知识的学习,促进学生社会适应能力的不断提高。

6. 培养后备人才

体育课程教学旨在促进学生身心素质的健康全面发展,此外,通过学校体育课程教学,还应发现具有运动天赋的学生,为我国竞技体育运动发展培养后备人才。

新时期,我国重视发展体育事业,要从体育大国走向体育强国,不仅要重视从学生体质健康教育入手促进全民体质健康发展,还要重视持续发展竞技体育事业,发现体育运动人才、培养体育运动人才。具体来说,在体育教学中,教师通过对比同龄孩子的运动能力,能够对学生运动天赋的情况做一个基本的判断,重点培养与训练具有良好运动天赋的学生,以扩大优秀社会体育人才和竞技运动后备人才的来源。在体育教学中发现运动天赋较好的学生,向高水平专业队推荐与输送这些后备人才,使其通过接受更系统科学的训练,最终成为优秀运动人才。

7. 传承体育文化

体育课程教学是体育文化的重要教育传承方式,对于体育文化的传承具有重要作用。我国学校体育课程教学既包括西方竞技体育运动项目的教学,也包括我国民族传统体育运动项目的教学。在学校开设民族传统体育课程,向学生传播我国民族传统体育文化,对促进我国民族传统体育文化的普及、发展与传承具有重要意义。

当前,我国重视文化发展,致力于提高"文化自信",在整个世界多元文化处于文化大发展、大繁荣的关键阶段,我国要提升民族凝聚力与民族创造力,就要先提升文化软实力。民族体育文化的传承与发展也是我国在培育与提升文化软实力中不可忽视的一环。学校有专业的教师队伍和丰富的硬件资源,集前沿教育教学理论与教学内容为一体,是传承民族传统体育的摇篮。学校教育不仅对培养青少年学生的体力、智力、优良品质等有积极作用,而且在促进体育文化传承、传播和弘扬方面也有重要作用,学校是文化传承的重要基地。

# 第四节 体育课程教学的科学研究

## 一、体育研究的概念与分类

### (一)体育研究的概念

体育研究是人们探索体育领域的某些矛盾和现象,揭示其发生与变化的客观规律的创造性活动。

体育研究是教学研究的一个类别,教学研究是科学研究的一个有机整体。教学研究的研究对象是教育现象及其规律,以掌握教育规律为研究目的。教学研究对提高教育的效率和质量,促进人的全面发展,培养出高质量的人才有积极作用。

体育课程教学研究主要是探索体育课程教学中的一些矛盾与现象,总结规律与特点,为体育课程教学实践提供理论指导,要深入理解体育教学研究,应明确以下几点。

研究目的——让教学活动更有效果,提高教育质量。

研究途径——通过开展多种形式的教研活动,如说课、备课、集体研讨、课程评比、教学实验等探索总结规律。

研究手段与方法——有多种手段和方法,如观察法、调查法、分析法、统计法等,具体在下文详细介绍。

研究局限性——教学研究需要得到现有教育成果的指导和帮助,以使教学研究成果具有科学性和普遍性,从而使研究成果更具应用价值并推广使用,教学研究和教育研究联系密切,二者相互依赖、支持、渗透。

## （二）体育研究的分类

1. 按学科分类

体育学是一门综合性与应用性相结合的现代学科，在体育科学发展过程中，其与其他学科有机融合，逐渐建立起复杂的学科体系内容。根据学科分类，体育研究包括以下几类。

（1）体育人为社会学研究。

（2）运动人体科学研究。

（3）体育教育训练学研究。

（4）民族传统体育学研究。

体育课程教学属于体育教育训练学研究的范畴。

2. 按研究课题性质分类

体育学科内容广泛，按研究课题性质，分为以下几类。

（1）基础研究，如发现体育教学的新理论、新知识。

（2）应用研究，具有特定的实际目的和应用目标，具有专门的性质，针对具体问题或情况研究，研究成果多为论文、专著、原理性模型或发明专利。

（3）开发研究，创造新技术、新方法、新产品，以解决体育教学、训练、科研、竞赛中的一些问题。

## 二、体育课程教学研究的任务

### （一）发现未知

体育课程教学研究，旨在发现体育课程教学中存在的一些现象和矛盾背后的问题。

体育课程教学发展至今，已经积累了丰富的教学知识与经验，但不论是课程教学、锻炼健身还是运动训练，依然存在着很多未知现象,需要继续探索。

### (二)揭示规律

体育课程教学研究的重要任务之一是揭示已知事物外在表现(现象)的本质及内在联系(规律性)。

进行体育课程教学研究,就是围绕体育课程教学活动而发现问题、分析问题、解决问题的过程。

在发现、分析、解决体育课程教学问题的过程中,体育教育者和体育运动研究学者发现现象,总结现象,进行假设与验证,得出结论,并为以后的教学提供参考与指导。

### (三)探索规律的应用

人类社会的发展离不开探索、研究,发现未知事物、揭示未知规律是对自然万物的认知,也是对客观规律的探索,发现和掌握这些规律对改造自然、促进社会发展有重要意义。体育教学就是探索教学中的规律,以更好地利用这些规律促进教学发展。

探索体育运动的基本规律,以提高运动能力、增进身心健康和防治疾病,这是体育课程教学研究的根本任务之一。通过对体育课程教学中的具体问题进行探讨分析与研究,有助于体育教师改进教学方法、科学设计体育课程教学过程,进而减少无用功和运动损伤,调动学生学与练的积极性与主动性,提高教学质量,改善教学效果。

### (四)验证与丰富理论

实践是检验真理的唯一标准,对体育课程教学进行研究,得出结论,研究并没有结束,还需要将结论应用到体育课程教学实践中去,接受实践检验。

体育课程教学是不断发展进步的,现有的体育教学研究理论是前人根据客观事实进行归纳、总结、整理、推断的结果。这些理论在特定的历史阶段发挥了自身的价值与作用,随着社会和时代的变迁,体育教学也会表现出一定的时代特征,体育课程教学的发展具有自身的局限性,体育课程教学研究就是提早看出这些局限性,探索体育课程教学的未来发展规律,不断完善体育课程教学。

## 三、体育课程教学研究的方法分类

（一）文献法

文献法是结合当前的研究目的或课题,通过调查与搜集来获取资料,以了解研究问题的一种方法。

文献法应用于体育课程教学研究的以下领域。

（1）了解课题的发展历史和现状趋势,对明确课题研究的方向具有帮助。

（2）形成对研究对象的总体印象。

（3）比较相似资料。

（4）了解事物全貌。

（二）定量分析法

在体育教学的科学研究中,通过对"量"指标进行分析,能使大家对研究对象有一个相对精确的认知。

（三）定性分析法

定性分析法,就是对研究对象进行"质"方面的分析,目的在于由此及彼、由表及里,揭示规律。

（四）观察法

观察法是指研究者用个人感官和辅助工具直接对研究对象进行观察,从而获得研究资料的研究方法。

## (五)调查法

调查法是系统地、有计划地、有目的地搜集关于研究对象的现状或发展历史的资料的方法。

体育课程教学研究中,研究者就调查项目编写出调查问题,分发给若干相关人员,相关人员根据自身情况切实回答,研究者收回问卷,统计、整理信息,总结归纳。

## (六)实验法

实验法是通过控制某个条件或研究对象的某个性质,发现与确认因果联系的研究方法。实验法有以下特点。

(1)主动改变条件。研究具体对象、发现其中的问题都是在不干预研究对象的前提下进行的,要主动改变实验条件。

(2)控制性。研究过程中,避免和减少干扰,在简化、纯化的环境中发现变化。

(3)因果性。发现、确认事物之间的因果关系。

## (七)个案研究法

个案研究法是对研究对象中的某一特定对象进行调查和分析的研究方法。个案研究有以下三种类型。

(1)个人调查,研究个人。

(2)团体调查,研究某个组织或团体。

(3)问题调查,研究某个现象或问题。[①]

## (八)跨学科研究法

体育教学与相关学科的关系日益紧密,相互之间的互动还促成了新的体育学科的建立。各学科间的关系不仅没有疏远,反而逐渐加深,在语言、方法和某些概念方面有统一化的趋势,因此这

---

① 冯德学. 体育教育教学研究方法概论[M]. 西安:陕西师范大学出版总社有限公司,2016.

也为跨学科研究法的运用提供了更多的机会。跨学科研究是体育课程教学研究常用方法之一。

### (九)比较法

比较法是理论研究中最常用、最基本的方法。通过比较可以有效地发现社会现象间的相同性和差异性。常用方法有以下两种。

(1)纵向比较,比较同一研究对象的不同时期的资料。
(2)横向比较,比较相关的各种变量的变化。

### (十)数学分析法

数学方法就是抛开研究对象的特性,运用数学工具,建立数学模型,对研究对象进行定量处理以得到数字结果的方法。数学方法主要有统计处理和模糊数学分析方法。采用这一研究方法能够使研究者对研究对象的本质特性有一个更加准确的认识。

## 四、体育课程教学研究的发展趋势

### (一)研究内容不断增加

随着体育课程教学的不断发展,体育课程教学的研究对象与内容将不断增多,范围不断扩大。

### (二)更注重学科交叉研究

体育是一门综合性应用学科,大多数学科是母学科在体育领域应用的分支(如运动营养学是营养学在体育领域的分支;运动心理学是心理学在体育领域的分支),因此,体育课程教学研究对人文社会学、生物学等其他一级学科具有很强的依赖性。在未来,要科学开展体育教学活动,必须要关注与体育运动相关的一切学科的研究,跨学科研究将成为体育教学的研究趋势。

### (三)研究方法更加多样

随着体育教学的不断发展,会出现很多新的教学问题,为了解决这些教学问题,将不断开展更多的教学研究,在体育教学研究中,更多的研究方法将被发现并应用,其他领域的科学研究方法也将会在体育教学研究中得到应用。

### (四)研究技术更加先进

体育运动及体育学的发展离不开科学技术的支持,在体育运动训练、运动竞赛的发展过程中,许多现代生物教育教学研究技术、医学教育教学研究技术等学科的技术被广泛应用,从而使对运动训练和体育竞赛中各种数据的获得更加快速、精确。例如,现代细胞与分子生物学技术、方法的建立与发展,使运动形态学的微观研究有了长足的进步。

体育课程教学研究是随着教学研究技术、研究方法的不断融合而发展的。现阶段,体育课程教学研究,一方面借鉴其他学科研究方法的速度越来越快;另一方面,借鉴范围也越来越广。其他学科的科研方法与技术对体育学科研究的渗透与移植,对体育课程教学研究有重要推动作用。借助现代科学技术,体育教学的研究也将更加准确、高效。

### (五)科研仪器更加精密

研究仪器可以增强实验主体的感受力,改变实验客体结构和条件,研究仪器在实验中起中介作用。

纵观教学研究史,研究技术上的重大突破和新学科创立,同实验仪器、实验技术的创造与应用关系密切,与教学研究进度和成果数量也具有密切关系。

在体育课程教学的研究中,一些研究课题会使用到一些特殊的研究仪器,建立起实验主体和实验客体互相作用的链条。在以往的研究中,研究多依靠感官感受,人的感官有生理局限性,而教学研究仪器可以弥补人体生理感官局限,使得研究所获得的数据更加客观与准确。例如,通过气相和液相色谱仪进行兴奋剂检测;通过核磁共振技术研究人体运动代谢情况、疲劳程度、身体成分变化。

现阶段,随着科学技术的不断发展,测试仪器越来越精密,在先进科学技术和仪器的支持下,体育课程教学研究必将更加宽广与深入。

(六)研究范围更加广阔

体育课程教学研究是体育研究的重要内容,其研究范围越来越广阔,具体表现如下。

从教学过程与内容看,体育课程教学研究不仅仅局限于教学过程方面,体育教材、体育教学媒体、教学模式、运动训练等都是现代体育教学重要的研究领域。

从教学空间来看,体育课程教学研究不仅仅局限于课堂教学领域,社会体育教学、社区体育活动开展、家校体育教育、教学信息化等都成为体育课程教学研究的延伸与拓展。

(七)研究交流更加广泛

现代社会已经进入信息社会,随着互联网信息技术的不断发展,国内外的信息交流日益广泛和深入,信息技术的发展拉近了人与人交流的空间关系。

信息时代,互联网资源的开发利用给科研工作者带来了极大的便利,科研工作者能更加迅速地获得信息,从而减少不必要的重复劳动。此外,国内外学者还可以依托互联网技术进行线上调查、分析、互动、讨论,学术交流更加频繁,有助于体育课程研究水平的不断提高。

# 第二章 体育课程教学现状及优化改革

体育课程教学现状能够从一定程度上展现过往体育教学的形态和成果,同时也是此后对体育课程教学各方面予以完善和优化的依据,为此,对其进行研究就显得很有意义。

## 第一节 体育课程教学现状分析

### 一、体育教学大纲编写现状

调查发现,对于体育教学大纲的编写,我国体育教师基本立足学校实际,这部分教师占 37.5%。没有超过半数的数据说明了学校体育教学指导纲要的落实并不到位,学校对教育部关于体育教学大纲的文件精神也没有完全贯彻;同时以学校体育教学指导纲要和学生兴趣爱好为依据编写体育教学大纲的教师占 32.1%;按学生学习兴趣编写大纲的教师占 19.6%;另外有 10.7% 的教师编写大纲的依据为学校体育教学指导纲要。具体统计见表 2-1。

表 2-1　体育教学大纲编写依据调查(n=56)[①]

| 编写依据 | 频数 | 比例 |
| --- | --- | --- |
| 学校特点 | 21 | 37.5% |
| 学校体育教学指导纲要 | 6 | 10.7% |
| 学生学习兴趣 | 11 | 19.6% |
| 学校体育教学指导纲要与学生学习兴趣 | 18 | 32.1% |

我国教育部门有明确的文件指出,对教学纲要的遵循应本着与学校各项实际条件相结合的原则进行,这包括学校制定自己的教学大纲,然后确定符合需要的教学方法或内容等教学要素。通过大量的教学实践可知,兴趣是影响学生学习行为的重要因素和关键动机,由此其也就成了提高体育教学课程质量的关键。因此,应秉承兴趣为先的宗旨来编写体育教学大纲,突出以学生为本的理念,给予学生更多的选择性和自主性,以使学生的体育学习热情得到充分释放。

体育教学活动的宗旨是希望每名学生在学习中都受益,或是增强体质,或是舒缓压力,或是培养他们的人际交往能力。总之,体育课程教学大纲的编写要关注学生从教学中获得的进步和良好的体验。

总的来说,体育教师在编写学校体育教学大纲时,要客观、综合地考虑多方面因素,以期使本校的体育课程教学活动得以顺利开展,并获得预期的效果。

## 二、体育教材编写现状

通过表 2-2 所揭示的关于我国学校体育教材编写现状可知,我国绝大部分学校是没有能力自主编写体育教材的。这种情况的出现一方面是与我国体育师资力量薄弱有关,另一方面则是与

---

① 李朋朋. 西安市高职院校体育教学现状及对策研究[D]. 西安体育学院,2013.

自主编写体育教材的投入与产出不平衡有关。通过调查可知,那些自主编写体育教材的学校主要是本校的实际需要所要求的,如有一些特定的学校体育教学内容所需的教材比较特殊,市场上没有匹配度良好的教材可以选择。在学校体育教学中,教材的自编程度低对宣扬和传播学校自身教育理念是一个限制。为此,一些条件较好的学校应尽力尝试自编或统编教材,并将学校体育资源实际情况和学生需求考虑在内,最终编写出最适合本校使用的教材。

表 2-2　学校体育教材编写形式调查(n=6)[①]

| 编写形式 | 频数 | 比例 |
| --- | --- | --- |
| 自编教材 | 0 | 0% |
| 统编教材 | 4 | 66.7% |
| 自编统编结合 | 2 | 33.3% |

这里需要强调的一点是,尽管是自编或统编教材,也不能是脱离国家体育教学大纲的随意之作。自编和统编教材也要以"健康第一"和"学生为本"作为指导思想,严格遵循体育课程建设的客观规律,立足本校实际科学编写。力求通过自主编写的教材,向学生更好地传播健康理念、健身理论和卫生常识等,使学生在潜移默化中接受体育、参与体育、热爱体育,树立起新的健康观,促进终身体育意识的养成。

## 三、体育教学设施建设现状

学校体育教学不能缺少场地、器材等各种必备的物质资源。体育教学设施的数量、质量和状态直接决定了体育教学的质量及教学效果。由此可见,体育教学设施情况对教学产生的影响是非常大的。除此之外,场地、器材等体育硬件设施还是校园体育文

---

① 李朋朋.西安市高职院校体育教学现状及对策研究[D].西安体育学院,2013.

## 第二章 体育课程教学现状及优化改革

化的重要构成要素,其很大程度上也决定了广大师生的校园体育文化认同感程度及参与体育教学和课外体育活动的积极性。相关研究表明,体育教学物质条件如果能满足学生的体育学习需求,则其就可以给学校体育教学活动带来正面影响,反之则会给体育教学带来负面影响。可见良好的体育物质环境是提高学生参与学校体育活动积极性和促进学生全面发展的催化剂。

关于体育教师对学校体育教学设施建设情况的看法的调查显示,对现有设施承载体育活动能力表示满意的有25%,这些教师主要教授武术、健美操、田径等对器材使用较少的项目;对现有设施承载体育活动能力表示一般的有35.7%;对现有设施承载体育活动能力表示不满意的有39.3%(图2-1)[①]。

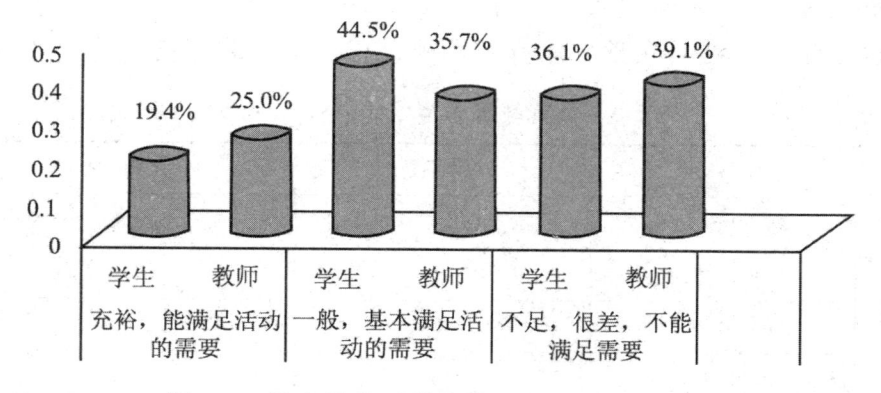

图 2-1 体育教师对学校体育场地器材的看法

调查显示,学生对学校体育教学设施的建设情况的看法包括:对现有设施承载体育活动能力表示满意的有19.4%;对现有设施承载体育活动能力表示一般的有44.5%;对现有设施承载体育活动能力表示不满意的有36.1%。另外,在调查中还发现,这些对学校体育设施情况表示一般满意和不满意的学生在课余体育活动中也表露出对现有体育设施不满的态度。

总的来说,体育教师和学生关于学校场地器材的看法大体相

---

① 李朋朋. 西安市高职院校体育教学现状及对策研究[D]. 西安体育学院,2013.

同,均认为学校体育场地、设施、器材等硬件条件有所欠缺,需要尽快改善。

## 四、体育师资队伍建设现状

### (一)教师年龄

表 2-3 显示,体育教师总体年龄结构较为平衡,年龄在 30 岁以下的体育教师占 26.8%;年龄在 40 岁以上的体育教师占 53.5%,这其中年龄在 50 岁以上的教师占 32.1%。这些数据足以说明学校体育教师的年龄更偏向老龄化。随着资历较老的体育教师不断退休,再加上学生不断增加和优秀体育教师的缺乏,这些矛盾最终会在学校体育教育中显现出不利的影响。

表 2-3　体育教师年龄结构调查(n=56)

| 年龄 | 频数 | 比例 |
| --- | --- | --- |
| <30 岁 | 15 | 26.8% |
| 31—40 岁 | 11 | 19.6% |
| 41—50 岁 | 12 | 21.4% |
| >50 岁 | 18 | 32.1% |

### (二)教师学历

表 2-4 显示,现如今我国学校体育教师的学历结构有了大幅改善,这和过往的情况已经有了明显不同。拥有研究生学历的体育教师占 19.6%;拥有本科学历的体育教师占 64.3%;拥有专科学历的体育教师占 16.1%;没有体育教师是中专学历。不过,这一比例数据也揭示了高学历体育教师的占比仍旧较少,更没有获得博士学位的体育教师。

表 2-4　体育教师学历调查（n＝56）

| 学历 | 频数 | 比例 |
|---|---|---|
| 中专 | 0 | 0% |
| 专科 | 9 | 16.1% |
| 本科 | 36 | 64.3% |
| 研究生 | 11 | 19.6% |

对于我国体育教师学历并不突出的问题，还应由各学校做好引进高学历体育教师的工作，或是对现有教师进行培训，全面提高教师的综合教学技能和素养。高学历教师能够促进学校体育教学发展，为此，合理优化学校体育教师的学历结构是未来提升体育师资力量的方向。

（三）教师职称

调查显示（表 2-5），我国学校体育教师的职称结构情况较好，拥有教授职称的体育教师占 7.1%；拥有副教授职称的体育教师占 37.5%；拥有讲师和助教职称的体育教师分别占 39.3% 和 16.1%。

表 2-5　体育教师职称调查（n＝56）

| 职称 | 频数 | 比例 |
|---|---|---|
| 助教 | 9 | 16.1% |
| 讲师 | 22 | 39.3% |
| 副教授 | 21 | 37.5% |
| 教授 | 4 | 7.1% |

虽然职称并不能完全代表一名体育教师的综合教学能力，但一定程度上仍是可以反映体育教师学识和学习能力的评价标准。合理的教师职称结构是衡量教师队伍素质的标准之一。教育部

下发的《关于新时期加强高等学校教师队伍建设的意见》中提到"高等学校教师队伍建设的具体目标——优化职称结构,教授、副教授岗位占专任教师编制总数的比例为20%~25%"。可喜的是,从上述表格来看,目前我国学校体育教师的职称结构基本可以满足现行学校体育教育的需求。

### (四)教师培训

调查显示(表2-6),一年之中没有外出培训机会的教师占32.1%;一年之中有1次外出培训机会的教师占37.5%;一年之中有2次或3次外出培训机会的教师分别占12.5%、10.7%;一年之中有3次以上外出培训机会的教师占7.1%。这份统计结果表明,大多数体育教师一年中的外出培训机会是少于3次的,由此基本可以知道学校对体育教师的再培养工作并没有给予足够的重视。

表2-6 体育教师外出培训机会调查(n=56)

| 培训次数(每年) | 频数 | 比例 |
| --- | --- | --- |
| >3 | 4 | 7.1% |
| 3 | 6 | 10.7% |
| 2 | 7 | 12.5% |
| 1 | 21 | 37.5% |
| 0 | 18 | 32.1% |

体育教师获得的培训机会少,在一定程度上限制了他们再学习、再进步的步伐。体育教学在现如今是一个变化较快的领域,如果教师在进入行业后便停止了学习过不了几年所掌握的知识和技能就会落伍,不能再满足体育教育之所需。为此,继续接受培训和主动学习是非常重要的。

体育教师入职之前会接受必要的职前教育,入职之后的教育也不应停止,应转为以在职培训的方式进行,这是职前教育的一种延续和拓展,是促进体育教师专业素养不断提高的有效手段,也是体育教师不断完善自我和落实终身学习理念的重要途径。这是提升体育师资队伍整体素质的关键工作。体育教师也要意识到这项工作的重要性,秉承不断完善自己的宗旨,积极参加各种在职的或脱产的培训活动,以不断完善和提升自身各方面能力,从而进一步达到社会发展以及体育教学改革对体育教师的要求。

（五）体育教师福利待遇

学校体育教师的福利待遇情况如图 2-2 所示。可以说,一般的学校体育教师的福利待遇并不理想。对于全职体育教师来说,待遇超过其他学科教师的只占 3.6%,大多数体育教师与其他学科教师的待遇基本一致,这部分占 46.4%。如果说全职体育教师的待遇情况还算说得过去的话,那么兼职体育教师的待遇和其他学科教师相比就差得更远一些了。对于兼职体育教师来说,与其他学科教师的待遇基本一致的占 28.6%,而低于其他学科教师待遇的占 21.4%,可谓数量众多了。

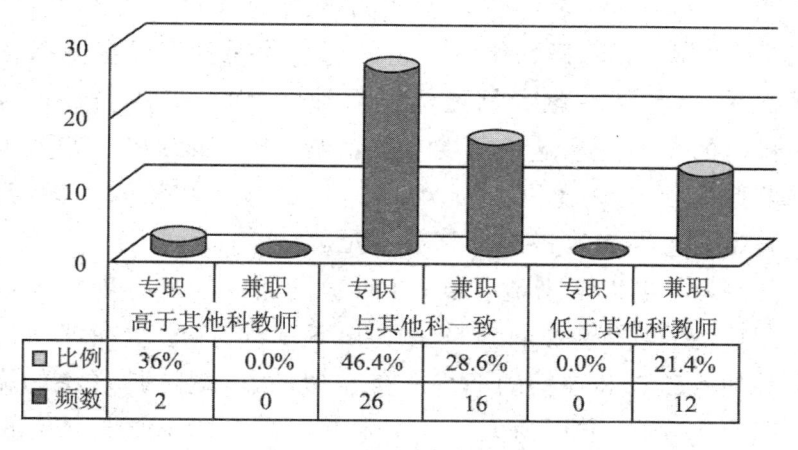

| | 专职高于其他科教师 | 兼职高于其他科教师 | 专职与其他科一致 | 兼职与其他科一致 | 专职低于其他科教师 | 兼职低于其他科教师 |
|---|---|---|---|---|---|---|
| 比例 | 36% | 0.0% | 46.4% | 28.6% | 0.0% | 21.4% |
| 频数 | 2 | 0 | 26 | 16 | 0 | 12 |

图 2-2 体育教师福利待遇情况

目前,许多城市的学校开始了兼并的转变过程。学校数量逐渐减少,学生数量逐渐增多,但可供教学之用的体育教师的数量却没有增长。这些体育教师不仅要承担体育课堂教学的任务,课外时间还要承担指导学生体育活动、训练、裁判和组织比赛的任务,这些活动无形之中都增加了体育教师的工作量,而体育教师的待遇却没有相应提升。

从整体工资待遇角度讲,体育教师与其他学科教师还是存在一些差距的。并且,学校不同学科的课程的课时系数也有差异。体育教师从事课外体育活动组织管理、带队训练比赛等工作虽然有一定的奖金,但标准很低,远远不能与他们付出的劳动相匹配。长此以往,体育教师在待遇差、付出得不到回报的环境中工作,无疑会动摇体育师资队伍的稳定性。所以,学校相关管理部门要对此予以高度重视,重新认识当前学校体育教师的劳动价值,努力提高体育教师的待遇和地位,这是稳定体育教师队伍的关键。

## 五、体育教学内容现状

### (一)学校开设的体育项目

如图 2-3 所示,学校中开展较为普遍的体育项目有篮球、足球、乒乓球、羽毛球、舞蹈等。学生的选择意愿和实际参加最多的项目是乒乓球、羽毛球和其他体育活动,然而篮球却是学校开展最为普遍的项目。从这个角度来看,学校所开展的项目并非学生特别期待的项目,尽管篮球运动也具有普遍性和较强的参与性,但就满足学生期待来说仍旧略显不足。

从图 2-3 可以清晰地看到,目前学校开设的体育项目曲线与学生期待的、经常参加的项目曲线并不重合,而学生在课余时间经常参加的项目和他们的期待总是相似的,出现这种现象的原因主要有两方面,一方面为大部分学生并不满意当前学校体育课程中的教学内容;另一方面则是在体育教学过程中,体育教师没有注重对学生运动兴趣的激发。

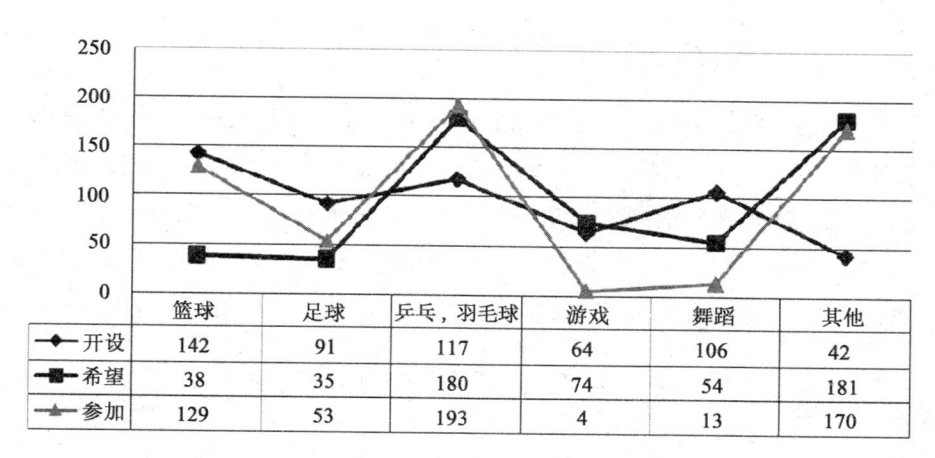

## 第二章 体育课程教学现状及优化改革

|  | 篮球 | 足球 | 乒乓，羽毛球 | 游戏 | 舞蹈 | 其他 |
|---|---|---|---|---|---|---|
| 开设 | 142 | 91 | 117 | 64 | 106 | 42 |
| 希望 | 38 | 35 | 180 | 74 | 54 | 181 |
| 参加 | 129 | 53 | 193 | 4 | 13 | 170 |

图 2-3　学校开设体育项目学生意愿情况

图 2-4 揭示了学生希望开设的运动项目和实际参加的运动项目，以及学校开设的运动项目三者之间的关系。具体分析如下。

（1）学校开设的体育项目与学生希望开设的项目的不同值达到 85.9%，而相同值则只有 14.1%。

（2）学校开设的体育项目与学生经常参加的项目的相同值为 21.2%。

（3）学生希望开设的项目与其经常参加的项目的相同值是 36.12%。

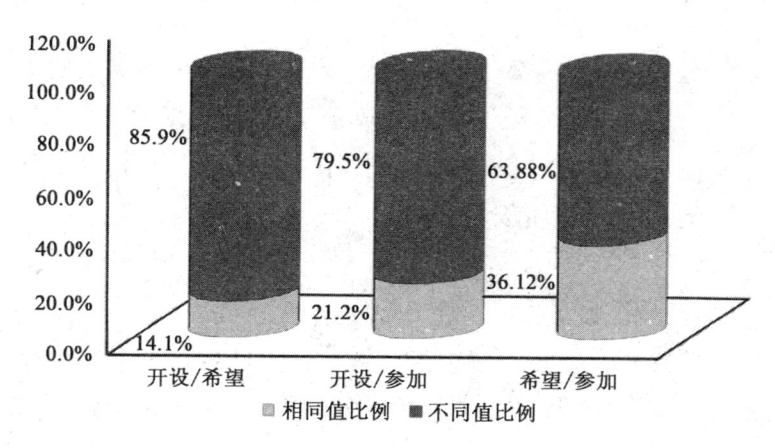

图 2-4　学校开设体育项目与学生期望值情况

## (二)学生喜欢的体育项目

经过调查(表 2-7),学生对于羽毛球和乒乓球两个项目的喜爱是最多的,达到 32.0%;然后是足球、篮球和排球,比例为 31.1%;选择趣味性项目的有 30.2%;选择与职业有关的体育项目的占 29.8%;选择教学比赛、热门项目、竞赛项目的学生分别占 28.1%、27.0%、25.6%。

表 2-7 学生喜欢的体育项目调查(n=562)[①]

| 学生喜欢的体育项目 | 频数 | 比例 | 排序 |
| --- | --- | --- | --- |
| 羽毛球、乒乓球 | 180 | 32.0% | 1 |
| 篮排足 | 175 | 31.1% | 2 |
| 趣味性强的体育游戏 | 170 | 30.2% | 3 |
| 与职业相关的体育项目 | 168 | 29.8% | 4 |
| 技巧性强的项目 | 166 | 29.5% | 5 |
| 田径项目 | 160 | 28.5% | 6 |
| 体能练习 | 158 | 28.3% | 7 |
| 教学比赛 | 156 | 28.1% | 8 |
| 热门运动项目(攀岩、保龄球等) | 152 | 27.0% | 9 |
| 竞赛项目 | 144 | 25.6% | 10 |

实际上,学生选择某项运动的动因很大程度上与他们的个体差异有关。正因如此,学校在安排教学内容时的确有一定难度,为的也是让更多的学生满意。因此,在选择体育教学内容时要对学生的运动喜好予以充分考虑。

## (三)体育课内容的职业针对性

经过调查(表 2-8),认为体育教学中的内容对自己所学专业没有带来影响的有 45.2%;不太清楚体育教学中的内容对自己所

---

① 李朋朋.西安市高职院校体育教学现状及对策研究[D].西安体育学院,2013.

学专业有无影响的有 32.0%;认为体育教学中的内容对自己所学专业带来了影响的有 22.8%。

表 2-8 体育课内容是否有职业针对性的调查(n=562)

| | 频数 | 比例 |
| --- | --- | --- |
| 有 | 128 | 22.8% |
| 没有 | 254 | 45.2% |
| 不知道 | 180 | 32.0% |

出现这种调查结果的原因主要为学校选择的体育教学内容不合理,还有是在体育教学过程中体育教师缺乏对学生的引导与启发,如此学生很难意识到体育教学对自己的专业发展方向有何积极影响。

## 六、体育教学方法现状

### (一)体育教师性别差异影响

经过调查(表 2-9),认为教师性别会对教学有非常明显的影响或有明显的影响的学生分别有 15.3% 和 19.6%;认为教师性别对教学的影响一般的学生有 28.3%;认为教师性别对教学的影响不明显的学生有 27.9%。

表 2-9 体育教师性别差异对体育课的影响(n=562)

| 影响程度 | 频数 | 比例 |
| --- | --- | --- |
| 非常明显 | 86 | 15.3% |
| 明显 | 110 | 19.6% |
| 一般 | 159 | 28.3% |
| 不明显 | 157 | 27.9% |
| 没影响 | 50 | 8.9% |

目前,我国学校体育教师的性别结构主要以男性为主。该调查显示部分学生在体育课上会顾虑教师性别,这也是一个有趣的现象。

(二)体育实践课组织形式

经过调查(表 2-10),以项目为依据进行体育教学的占 66.7%;以自然班为依据进行体育教学的占 33.3%。调查中,没有以体育成绩和男女性别为依据进行分班教学的形式。

表 2-10　体育实践课的组织形式调查(n=6)

| 指标 | 频数 | 比例 |
| --- | --- | --- |
| 按体育成绩 | 0 | 0% |
| 按项目分班 | 4 | 66.7% |
| 按自然班级统一授课 | 2 | 33.3% |
| 男女分班 | 0 | 0% |

常见的以项目进行分班的体育教学组织形式是较为合理的,也是现今非常常见的和被推广的,它的优势在于可以使学生以自身兴趣为先导选择项目,如此他们的学习积极性得到了最大程度的提高,教学效果自然也更为理想。

(三)体育课堂学习效果提高方法

经过调查(表 2-11)发现,教师选择鼓励性方式来提高教学效果的占 46.4%;教师通过评价学习过程来提高教学效果的占 48.2%;教师通过严格按照教学目标要求来提高教学效果的占 23.2%;而教师使用评价学生学习结果的方式提高教学效果的占 17.9%。

对于体育教学来说,正面的、积极的、鼓励性的方式无疑是最能激发学生学习积极性和提升体育教学效果。

表 2-11　提高学生学习效果的方法调查（n＝56）

| 方法 | 频数 | 比例 |
|---|---|---|
| 鼓励性方法 | 26 | 46.4% |
| 评价学习过程 | 27 | 48.2% |
| 评价学习结果 | 10 | 17.9% |
| 教学目标严格要求 | 13 | 23.2% |

## （四）学生对体育教师教学方法的态度

经过调查（表 2-12），学生满意（包括很满意和比较满意）教师选择的教学方法的共有 48.6%；对教师选择的教学方法感到一般的有 26.7%；不太满意和很不满意的分别有 18.9% 和 5.9%。

表 2-12　学生对体育教师教学方法的满意度调查（n＝562）

| 满意度 | 频数 | 比例 |
|---|---|---|
| 很满意 | 104 | 18.5% |
| 比较满意 | 169 | 30.1% |
| 一般 | 150 | 26.7% |
| 不太满意 | 106 | 18.9% |
| 很不满意 | 33 | 5.9% |

通过调查可知，多数体育教师在教学过程中所使用的还是较为传统的讲授法、示范法、练习法等。当然，这些方法对于体育教学内容来说是较为合适的，但除此之外的其他方法的使用就显得稀少了，因此会使学生感到体育学习索然无味，创新不足。即便是不同的运动项目，但总是配上这套枯燥的教学方法也会让项目学习变得僵硬，如此则限制了学生在教学活动中的主观能动性。在传统教学方法的指导下，本应体现出充分互动性和活泼性的体育教学成了教师单方面传授、学生单方面模仿学习的单一性活

动。事实上,对体育运动感兴趣的学生很多,如果体育教师在教学方法上能更加灵活多样,切实营造出活泼的教学氛围,相信学生的体育参与兴趣会进一步被激发出来,但如果总是长时间使用单一的教学方法,久而久之便会消磨掉学生的参与积极性,亦或是使其逐渐对体育教学活动有所懈怠。为此,对于体育教学的改革来说,也要注重从教学方法入手,要做到切实以学生为本,改革传统教学方法,避免一味模仿式练习,同时注重增加带有引导性和启发性的教学方法,以期充分挖掘每个学生的潜能和特长,让学生更加热爱体育活动并培养他们的创新思维和能力。

## 七、学生体育学习现状

### (一)学习动机

经过调查(表 2-13)发现,在学生体育学习众多的动机中,以锻炼身体为主要动机的占 84.3%;以喜欢运动为主要动机的占 62.8%;以打发时间为主要动机的占 28.5%;而以应付考试为主要动机的占 18.1%。

表 2-13  学生的学习动机调查(n=562)

| 动机 | 频数 | 比例 |
| --- | --- | --- |
| 锻炼身体 | 474 | 84.3% |
| 喜欢运动 | 353 | 62.8% |
| 打发时间 | 160 | 28.5% |
| 应付考试 | 102 | 18.1% |

在体育教学中,体育教师应加大理论教学力度,在理论教学中注重引导学生形成正确的学习动机。调查汇总表中的打发时间和应付考试都属于不端正的动机,需要通过引导来予以转变。

## （二）技能水平

经过调查（表2-14）发现，在参加了体育教学课后，认为自身运动技能水平得到提高的学生占33.5%；认为自身运动技能水平提高幅度一般的学生占42.9%；认为自身运动技能水平没有得到提高的学生占23.7%。

表2-14 学生技能水平调查（n＝562）

| 技能水平是否提高 | 频数 | 比例 |
| --- | --- | --- |
| 提高 | 188 | 33.5% |
| 一般 | 241 | 42.9% |
| 没有提高 | 133 | 23.7% |

学生在参加了一段时间的体育教学之后并没有感到运动技能提升的原因主要为学生学习和练习的时间较短，亦或是学生的学习态度不积极。当然，前者是主要原因。

## （三）对自主选课的态度

经过调查（图2-5），对自主选课持支持态度的学生有61.4%；对自主选课持无所谓态度的学生有23.0%；对自主选课持不支持态度的学生有15.7%。

通过走访调查可知，大多数学生对现在学校设置的体育教学内容并不满意，他们更青睐于球类运动和时尚运动。所以，如果能有更多项目供他们选择，他们会更加满意。

## （四）对体育学习目的的认识

经过调查（表2-15），认为体育学习的目的是提高身体素质的有35.8%；认为体育学习的目的是调节心理状态的有28.3%；认为体育学习的目的是评价自身体质水平的有15.7%；认为体育学习的目的是有利于日后工作和生活等长远发展的有20.2%。

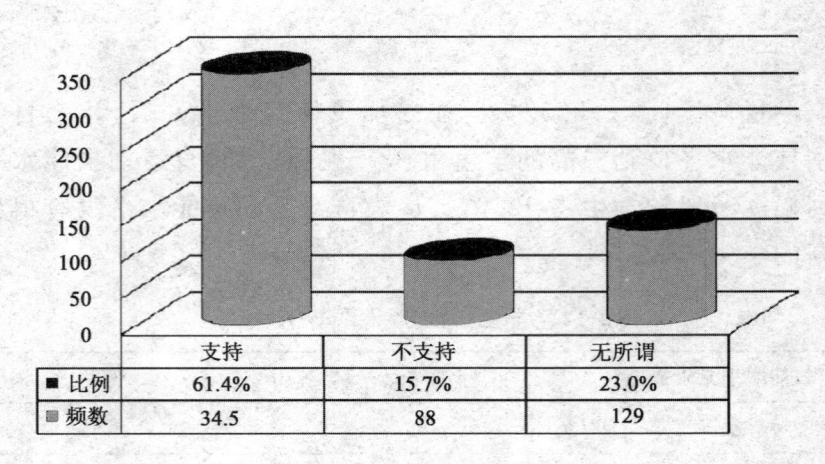

## 图 2-5  学生自主选课情况

|  | 支持 | 不支持 | 无所谓 |
|---|---|---|---|
| 比例 | 61.4% | 15.7% | 23.0% |
| 频数 | 34.5 | 88 | 129 |

表 2-15  学生对体育学习目的的认识调查（n＝562）

| 认识情况 | 频数 | 比例 |
|---|---|---|
| 提高身体素质 | 201 | 35.8% |
| 学会评价体质健康状况 | 88 | 15.7% |
| 方便工作以后的身体锻炼 | 114 | 20.2% |
| 调节心理状态 | 159 | 28.3% |

就体育教学现状来看，学生的终身体育意识还显得薄弱了一些，这种意识的培养不是一朝一夕之事，它需要体育教师在体育教学中潜移默化地进行，这是一个长期的过程。

## 八、体育教学评价现状

### （一）体育教师对学生成绩的评价

经过调查，表 2-16 显示，体育教师对学生成绩的评价依据主要有学生的课堂表现（53.6%）、出勤率（50.0%）和技术能力（32.1%）三个指标。此外，还有学生的学习进步程度和理论知识两个指标,分别占 28.6%、14.3%。

表 2-16　体育教师对学生成绩的评价指标调查(n=56)

| 指标 | 频数 | 比例 |
| --- | --- | --- |
| 课堂表现 | 30 | 53.6% |
| 出勤率 | 28 | 50.0% |
| 技术能力 | 18 | 32.1% |
| 进步的程度 | 16 | 28.6% |
| 理论知识 | 8 | 14.3% |

从各项评价指标的比例上看,更多的体育教师还是看重学生的课堂表现和出勤率,而对一些培养学生价值观和进步情况的标准则重视不足。也就是说,现今体育教学的评价标准缺乏形成性评价,如此会让那些身体素质不是很优秀却非常努力参与体育教学或活动的学生备受打击,阻碍了他们体育学习的积极性和主动性。在这种评价制度之下,那些身体素质本就不错的学生不用付出努力也能取得好的成绩,而身体素质较差的学生即便付出了很大的努力,成绩也是落后的。从这点上看也能直观体会到过分看重量化的指标对学生进行评价的弊端。因此,这在日后是需要改良的地方。

(二)学生对体育学习评价体系的认识

学生是体育教学的两大主体之一,是体育知识和技能的接受者。为了了解自己的体育学习情况,学生也非常关注体育学习的评价体系,乐于对此有所认识。他们普遍期望这一体系能够使评价的内容更为全面,评价的角度更为合理。为此,我们也对学生对体育学习评价体系的认识进行了调查。

经过调查(表 2-17),学生认为体育学习评价体系很合理的占 10.1%,认为比较合理的占 21.5%,认为一般的占 34.9%,认为不合理(包括不太合理和很不合理)的占 33.5%。

表 2-17　学生对体育学习评价体系的认识（n＝562）

| 认识情况 | 频数 | 比例 |
| --- | --- | --- |
| 很合理 | 57 | 10.1% |
| 比较合理 | 121 | 21.5% |
| 一般 | 196 | 34.9% |
| 不太合理 | 160 | 28.5% |
| 很不合理 | 28 | 5.0% |

通过调查可知，认为体育学习评价体系不合理的学生的占比并不少，反映出学生对这一评价体系是不太满意的。这和体育教师制定的这套评价体系的初衷有不少相悖的地方。通过访问得知，学生对于教师是否关注自己的学习过程是非常关心的，并认为在学习评价中应该多向这个方面倾斜，而对于这点教师则认为重要性不足。

研究认为，最恰当的体育教学评价体系的制定应该是建立在充分考虑学生的个体差异性的基础之上的。具体来说，就是应将更能体现学生学习态度和努力程度的内容纳入分值当中，并且这一评价体系还需要考虑学生的基础能力和发展潜能，充分尊重学生自我评价和互评的权力，以此也能为学生创造出一个宽松的学习环境。因此，体育教师应不断完善评价指标和手段，争取充分发挥体育教学评价的激励功能。

## 九、课外体育活动现状

### （一）课外体育活动的组织形式

经过调查（表 2-18）发现，对于学校课外体育活动形式的情况为学生自由活动的形式占 50%，体育教师自行组织活动的占 21.4%，体育教师组织学生以跑步作为活动形式的占 17.9%，而组织体育比赛的则占 10.7%。从这项调查中可以看到,在多数课外活动的形式中,体育教师的参与度都不是很高。

表 2-18 课外体育活动组织形式调查(n=56)

| 组织形式 | 频数 | 比例 |
| --- | --- | --- |
| 学生自由练习 | 28 | 50.0% |
| 教师自己组织活动 | 12 | 21.4% |
| 跑步 | 10 | 17.9% |
| 组织教学比赛 | 6 | 10.7% |
| 无可外活动 | 0 | 0% |

课外体育活动是学校体育教育中的重要组成部分。可以说,课外体育活动是课堂体育教学的拓展和延伸。为此,学校在制定体育教学评价体系时,除了要对学生在课堂体育教学的成绩予以认定外,还要考虑到他们参加课外体育活动的情况。课内、课外这两种体育活动形式对学生的培养目标有很多不同之处,两者相互促进、缺一不可。体育课堂教学关注的是学生体育理论知识和实践技能的培养,而课外体育活动更关注学生的体育实践以及意识层面对体育的态度。课外体育活动可以让学生更深刻地认识到体育对健康的意义,只有如此,学生才能更好地养成终身体育的意识。

(二)学生课外体育锻炼的影响因素

经过调查(表 2-19),认为缺乏场地器材等硬件设施是影响他们参与课外体育锻炼的因素的占 49.6%,认为缺乏适宜项目是影响因素的占 38.4%,认为缺乏锻炼伙伴是影响因素的占 34.3%,认为缺乏体育比赛、锻炼时间和教师辅导是影响因素的分别占 21.5%、20.8%、13.9%。

表 2-19　学生参加课外体育活动的影响因素调查（n=562）

| 指标 | 频数 | 比例 |
| --- | --- | --- |
| 缺乏场地器材 | 279 | 49.6% |
| 缺乏适宜项目 | 216 | 38.4% |
| 缺少锻炼伙伴 | 193 | 34.3% |
| 缺少组织管理 | 127 | 22.6% |
| 缺少体育组织 | 122 | 21.7% |
| 缺少体育比赛 | 121 | 21.5% |
| 缺少锻炼时间 | 117 | 20.8% |
| 缺乏教师辅导 | 78 | 13.9% |

## （三）学生获益最多的体育活动形式

经过调查（表 2-20）显示，学生认为课外体育活动是其获益最多的体育活动形式的占 26.3%，认为体育课是其获益最多的形式的占 29.2%，认为媒体电视是其获益最多的体育活动形式的占 29.4%，认为观看现场比赛是其获益最多的体育活动形式的占 15.1%。

表 2-20　学生获益最多的体育活动形式调查（n=562）

| 指标 | 频数 | 比例 |
| --- | --- | --- |
| 体育课 | 164 | 29.2% |
| 媒体电视 | 165 | 29.4% |
| 课外体育活动 | 148 | 26.3% |
| 观看现场比赛 | 85 | 15.1% |

调查可知，有许多体育形式可以让学生有所收获。观看现场比赛之于表 2-20 中的几种形式来说，学校参与组织的机会太少，难以满足学生的体育需求。而具体哪一种形式更适合学生，更能激发他们学习的兴趣，是每一位体育教师要认真考虑的问题。

## 第二节 体育课程教学改革发展的影响因素

提高教学质量,增进学生身心健康,培养适合新时代社会现代化建设的优秀人才是我国体育教学改革的根本目的。但是有很多因素会对这一根本目标的实现产生制约。

总的来说,影响我国体育教学改革的因素主要包括图 2-6 中所示的三个方面,分别是宏观环境、中观制度、微观过程,这些不同层面又有具体的影响因子。

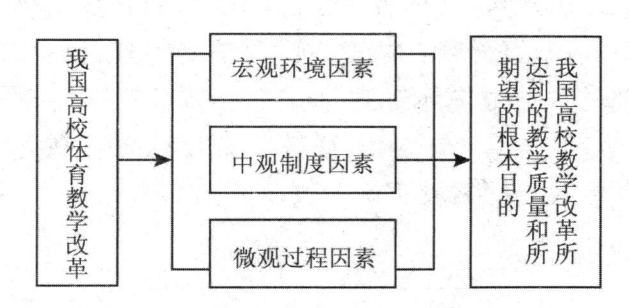

图 2-6 影响我国体育教学改革的因素

### 一、宏观环境因素

体育教学改革离不开大环境的影响,宏观环境因素主要包括指导思想与观念、价值取向与目标、社会需求等。

(一)指导思想与观念

指导思想与观念是体育教学改革的行动指南,对体育教学改革的方向有直接的影响。调查发现,认为指导思想与观念因素对体育教学改革的影响非常重要的专家达 85% 以上。从历史的视角来看,我国体育教学思想曾有过 3 次较大的碰撞和变迁,我国体育教学改革的浪潮就是在这些碰撞与变迁中产生的。

中华人民共和国成立初期,国家百废待兴,人民当家做主,在体质教育教学思想的指导下,"增强体质,锻炼身体,保卫祖国"是体育教学改革的中心。

改革开放以后,特别是 20 世纪 90 年代以来,传统的教育指导思想和现代教育思想产生了激烈的撞击,"素质教育、终身教育、健康教育"等思想使学校教育教学改革发生了深刻而全新的改变。围绕着"终身体育"指导思想的体育教学改革占据了主导地位。

21 世纪,教育部明确强调学校体育要坚持"健康第一"的指导思想,在"健康第一"指导思想的影响下,又一次掀起了体育教学改革的浪潮。由此可见,体育教学思想观念的转变对体育教学改革产生了极其深远的影响,体育教学改革的前提是树立现代体育教学观念,深受"唯生物体育观"向"三维体育观"(生理、心理、社会)转变的影响,体育教学在体育教育指导思想与观念的撞击和认同中不断寻找与探索着正确的改革方向。

(二)价值取向与目标

价值取向与目标因素是体育教学过程中主体选择与人性尊重的反映,是体育教学改革的行动准则。调查发现,认为价值取向与目标因素对体育教学改革有重要影响的专家达 90%。在体育教学改革过程中,技术教学思想、体质教学思想、终身体育思想、健康教育思想等都离不开"以人为本""以学生为本"的主体选择,以注重健身、增强意识、培养能力、发展学生个性、养成自觉锻炼习惯为中心的教育模式在体育教学中长期存在,不管经过多少次改革,都不能脱离这一教育模式。体育教学改革的最终目标就是增强学生体质,增进健康,提高体育素养。在尊重人性方面,体育教学改革从本质上对体育与身心发展的关系有了新的认识,实现体育价值取向从"增强体质"到"促进健康"的转化,确立了体育价值观中的"人本位和社会本位"和谐统一,让体育价值的功利主义和人文主义在文明健康的发展中得到统一。

### (三)社会需求

社会需求因素是对体育教学改革成效进行评价的反映,即对学校培养的人才能否适应社会现代化建设,满足社会发展的要求和需要的评价。调查发现,认为社会需求因素对体育教学改革具有极为重要的影响的专家达80%以上。体育教学改革与其他学科改革有一定的差异,许多学生在毕业后并非从事体育相关的工作,但是"体育教育对国家的国防、生产劳动、民族体质具有重要的影响",学校体育教育作为学校体育和社会体育的衔接点,在体育教学改革方面必须考虑国家意志的问题,把握时代脉搏,适应社会发展的需要。

学校体育不仅是一门课程,还应成为学校培养新型人才的重要组成部分,从而更好地为社会发展和国家建设服务。因此,培养学生对体育锻炼的正确认识,使学生形成良好的体育价值观,掌握相应的体育锻炼技能,养成终身锻炼的体育习惯,增进学生身心健康发展是体育教学改革的重点。

## 二、中观制度因素

教育体制和教育制度是中观制度因素的主要表现形式,其对体育教学改革的影响也非常重要。

### (一)体育教育体制

体育教育体制是指在国家层面上形成的一个整体的主管各级体育教育实践活动的机构和部门的合理设置,以及其管理权限优化分配和制定的各种规章制度的总称。[1]

调查发现,认为体育体制对我国体育教学改革有重要影响的专家达83%。体育体制改革直接影响着我国体育教学改革,体育

---

[1] 舒刚民.我国学校体育教学改革的影响因素及其发展对策研究[J].玉林师范学院学报,2013(02).

体制改革又会受到教育体制改革这一大环境的影响。中华人民共和国成立以来,我国学校教育体制进行了数次改革,如从"应试教育"体制到"素质教育"体制,从"学年制管理模式"到"学分制管理模式";从"行政管理体制改革"到"教学管理体制调整",从"招生培养体制"到"学科课程设置"等,无论是哪次改革,都会带来教学上的变化,也会影响体育体制的改革。从根本上来讲,学校体育教学改革的发展必然会受到学校体育体制改革的影响。

## (二)体育教育制度

体育教育制度是指依托具体的学校资源所形成具体指导体育实践活动的体育教育机构体系,它由体育教育管理部门制定、监督和调控,具有管理功能和指导功能。

调查发现,认为体育制度因素对我国体育教学改革有非常重要的影响的专家达85%。我国学校体育体制长期以来都处于改革状态,相对而言,学校体育制度的完善程度较低。回顾我国学校体育几十年来的制度变迁,特别是改革开放后的改革历程,学校体育制度的修订与执行给学校体育教学改革带来了极大的活力和动力。从大学生选拔制度到考试制度,从管教学一体化制度到教学评估考核制度的试行和运行,从《大学生体育合格标准》《大学生体质健康标准》《全民健身计划纲要》《国家体育锻炼标准》到《全国普通高等学校体育课程教学指导纲要》以及《奥运争光计划纲要》《中华人民共和国体育法》的制定和出台,体育制度的变迁和教育制度的发展具有密切的关系,科学的体育制度能够为学校体育教学的改革指明方向。[①]

## 三、微观过程因素

体育教学是"教"与"学"共同组成的双边实践活动,体育教学

---

① 舒刚民.我国学校体育教学改革的影响因素及其发展对策研究[J].玉林师范学院学报,2013(02).

改革系统非常复杂,为了研究方便,一般可根据教育学、教学论的有关原理将体育教学视为一个微观过程(图 2-7),体育课程、主导-主体、场地器材、教学方法、效果评价是构成这一微观过程的主要因素。

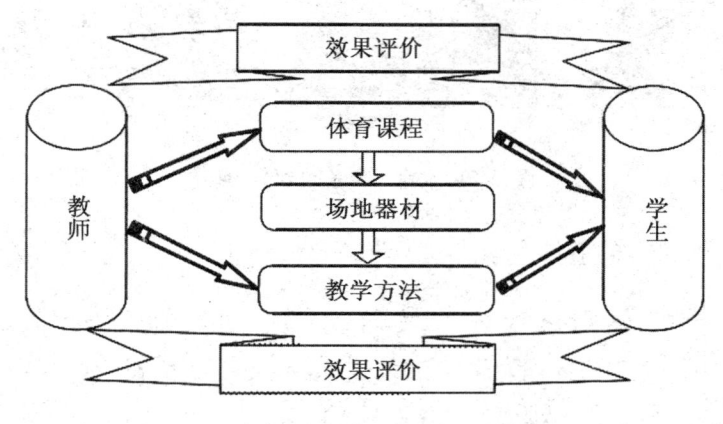

图 2-7 教学微观过程图示

下面着重分析体育课程因素与主导-主体因素。

(一)体育课程因素

体育课程因素是体育教学中最有实质性的因素,具体包括体育课程方案、体育课程标准、体育教材。体育课程改革对体育教学改革具有深远的影响,具体表现在对体育教学改革观念、教学活动模式、教学手段选择等方面的影响。回顾近些年我国体育课程改革对体育教学的影响,认为课程因素对体育教学改革中教师的教育理念和学生的体育行为产生了重要影响的专家有32%,认为课程因素对体育教学方法的选择产生了重要影响的专家占28%,分别有23%和17%的专家认为课程因素对体育教学模式、体育教学改革的创新意识产生了重要影响(图 2-8)[①]。

---

① 舒刚民. 我国学校体育教学改革的影响因素及其发展对策研究[J]. 玉林师范学院学报,2013(02).

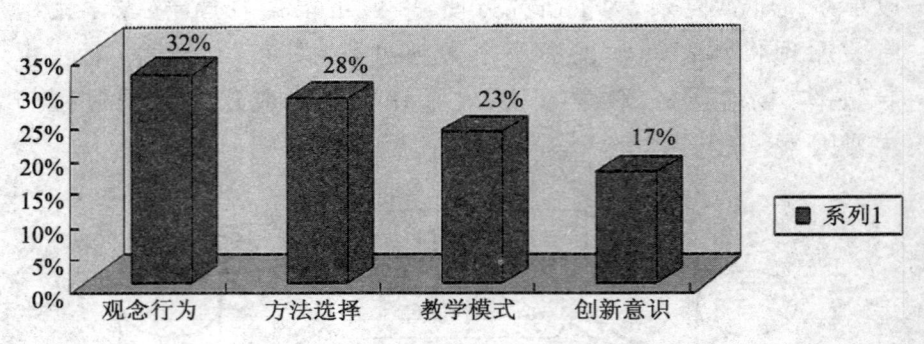

图 2-8 体育课程因素的影响

## (二)主导-主体因素

主导-主体因素指体育教学改革中的教师和学生因素,是"人"的因素,这是体育教学过程中最核心、最活跃的要素。教学主导-主体因素对体育教学改革有直接的影响,具体分析如下。

### 1. 主导因素

体育教师是体育教学改革的执行者,在整个体育教学过程中起主导作用。体育教师对体育教学改革的影响取决于体育教师综合素质中各"元素"影响力的效果。

调查发现,教师综合素质中,各"元素"的影响力大小不一,认为教师的思想品德对体育教学改革具有重大影响的专家占39%,认为教师教学能力对体育教学改革有极大影响的专家占27%,认为体育教师的科研能力与管理能力对体育教学改革具有重要影响的专家分别占23%和11%(图2-9)[1]。

### 2. 主体因素

在整个体育教学改革过程中,学生起主体作用,在一定程度上,学生是体育教学改革的受益者。调查发现,将影响体育教学

---

[1] 舒刚民. 我国学校体育教学改革的影响因素及其发展对策研究[J]. 玉林师范学院学报,2013(02).

改革的主体因素归因于学生体质状况的占 43%,归因于学生体育兴趣的 18%,归因于学生体育锻炼习惯的占 17%,归因于学生体育活动形式的占 12%,归因于学生体育行为认知的占 10%(表 2-21)。

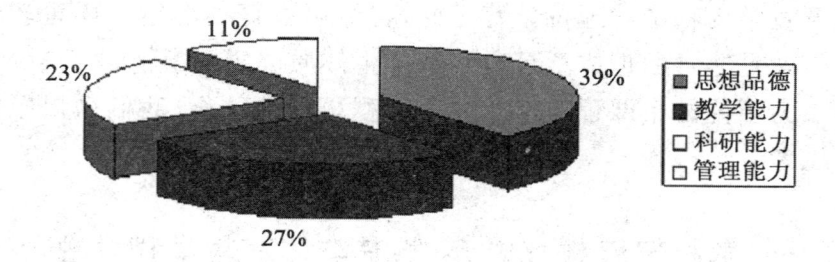

图 2-9  教师综合素质各元素的影响

表 2-21  影响体育教学改革的主体因素[1]

| 主体因素(学生因素) | 选择比例 |
| --- | --- |
| 学生体质状况 | 43% |
| 学生体育兴趣 | 18% |
| 学生体育锻炼习惯 | 17% |
| 学生体育活动形式 | 12% |
| 学生体育行为认知 | 10% |

## 第三节  学校体育课程与健康课程结合的新思考

健康教育与体育教育有着紧密的联系,这不仅是因为健康教育本身自成体系,还在于体育是促进健康的重要方式。普通高中的《体育与健康课程标准(2017 版)》中就已提出:"体育与健康课程作为高中课程中基于生命、指向生命、提升生命质量的学科,是

---

[1] 舒刚民. 我国学校体育教学改革的影响因素及其发展对策研究[J]. 玉林师范学院学报,2013(02).

一门以身体练习为主要手段,以体育与健康知识、技能和方法为主要学习内容,以培养高中学生的体育健康核心素养和增进高中生身心健康为主要目标的课程。"其直接决定了健康教育内容在体育教学内容中的地位。鉴于此,将健康教育内容纳入体育教学之中就是非常顺理成章且有利于学生体质健康的事情。

为了使健康课程与学校体育课程更好地结合,我们做出了如下思考。

## 一、解析健康教育内容,将其与体育教学科学融合

健康教育的内容主要包括健康相关基本知识与技能、膳食营养与食品安全、传染性防控、环境与健康、运动安全、运动性伤病防治以及提高心理健康水平和社会适应能力等。体育教学的最终预期结果都是让学生获得良好的运动意识和技能,促进其身心和社会适应能力的提升的。从这个角度上看,健康教育应该贯穿于体育教学的始终,且在实施教学的过程中不应只是生硬地将其加入进去,而是应该谋求一种渗透式的加入,这就对体育教师提出了较高的要求,即要求他们要树立全新的教育理念、转变思路、创新教学方法,用科学的理念和方法指导课堂教学实践。例如,在短跑项目教学中,可以灵活地给每类学生划定起跑线,具体为将速度慢的学生的起跑线设定在靠前的位置,速度快的学生在标准起跑线。如此,既能让速度慢的学生获得成功的体验,还能激发速度快的学生的斗志,增加其运动量,如此一来比赛的气氛也更加紧张激烈,这对调动学生的学习情绪有很大帮助。

## 二、营造和谐浓厚的健康教育学习氛围

大多数学校有很多利于学生健康教育的资源形式,如专题宣传、展览、讲座、社团、家庭健康档案等,这些都是丰富和拓展学生对健康知识的了解和认知的良好途径。例如,学校广播和宣传栏

就是最为传统的、可充分利用的健康宣传媒介。而在信息高度发达的今天,校园互联网也是宣传健康教育的优质媒介。对这些宣传媒介的充分利用,无不是为了培养和谐浓厚的健康教育氛围,这使得在校园中的学生总是能够被健康相关信息所"侵袭",久而久之也会促生他们养成关注健康、保护健康的意识与习惯。

### 三、将健康教育融入课堂教学的各个环节

课堂教学永远是学校教育的主阵地,这是毋庸置疑的。因此,对于健康教育来说,立足课堂教学是必需的,即要将健康教育渗透课堂教学的各个环节中。最佳的渗透方式是在各种体育课堂教学内容的讲解中加入一些与健康相关的问题,并引导学生将健康问题与体育问题相结合,这是培养他们健康意识的好方法,既不显得生硬和突兀,又便于学生接受。此外,还可以利用课堂教学的各个环节引导学生采用讨论、辨析等多种学习方式,掌握和运用增进健康的基本知识、技能和方法,提高其学习兴趣和学习能力。例如,在健美操教学的过程中引入膳食平衡与形体美的健康概念,让学生意识到光靠少吃饭获得的减肥效果是不科学的,而应该是在膳食平衡的基础上结合健美操等运动,如此获得的减肥效果才是科学的、健康的、可持续的。再如在篮球、足球教学内容中引入运动损伤的防治知识,如此不仅能提高学生的自我保护意识,还能规范学生在这些项目中的动作。众多巧妙的融入设计既丰富了体育教学的内容,又没有忽视健康教育的重要性,这对课堂教学的实效性来说自然是优秀的。

### 四、将健康教育融入课外体育活动

学校体育课外活动是一种对课堂体育教学的外延和补充,是学校体育中的重要组成部分,其本身拥有趣味性和实践性的特点,这使得学生更乐意接受并参与其中。另外,正是由于课外体

育活动不受体育教学计划的严苛限制，从而使其在时间、空间和形式上更为灵活，如此更能发挥出学生的主体作用。大多数学生对课外体育活动是青睐有加的，为此，将健康教育的知识与理念渗透其中，会让学生在潜移默化中受到健康教育。同时，课外活动也是学校教学活动由课内向课外的自然延伸，由硬性统一课业向自主选择课业转变的活动，教师可以利用这一特点引导学生独立或合作进行以健康为主题的社会调查和专题研究等活动。体育教师可以利用这一特点，把提高学生心理健康水平和社会适应能力等方面的内容与活动相结合，引导学生以自主学习、研究性学习、合作性学习等形式自主发现问题、研究问题并解决问题，在这一过程中还能锻炼学生的合作意识与组织协调能力，无形之中使学生的知、情、意、行得到全面发展。

## 第四节 新时期体育课程教学改革的优化策略

### 一、树立"健康第一"和"终身体育"的指导思想

随着我国社会竞技水平的不断提升，大众的精神文明水平也得到了不小提升。与过去相比，人们更加注重生活的质量，其中最典型的就是对自身健康的重视。体育运动是增进和维持健康的良好途径，这点对大多数处于青春发育期的学生来说更是如此。提高自身的健康水平，增强身心素质水平是现在社会发展对人才的总体需求，而通过多样的体育运动是可以实现这一要求的。因此，在体育教学过程中，要牢固树立"健康第一"和"终身体育"的指导思想。其中，树立"健康第一"的指导思想在于教师要将健康教育内容与体育教学内容充分融合，以实现"以体育促健康"的目标；树立"终身体育"的指导思想在于教师要正确引导学生科学认识和理解体育的价值，端正体育学习的态度，掌握体育

锻炼效果评价的方法,切实将体育技能转化为能够支持自身落实终身体育意识的能力。只有坚持这两个指导思想,才能实现体育教学的目标。

## 二、丰富体育教学内容

体育教学内容始终是体育教学的重要载体。体育教学的改革中也涉及大量针对教学内容的改革,这些改革都要求体育教学内容要不断丰富、完善和创新,以期满足不同体育学习需求的学生。体育教师在丰富体育教学内容时可以对下列几点予以重视。

(1)增加体育教学内容的多样性和趣味性。多样性的教学内容最直接的优势就是能为学生的不同体育学习需求提供较大的选择余地,如此就解决了众多学生都必须固定学习某种体育项目的缺陷。而趣味性的增加主要是提高了学生体育学习的积极性和主动性,让学生真正爱上体育,变"要我学"为"我要学"。

(2)突出体育教学内容的科学性与逻辑性。体育教学内容并不是随意选择的,选择要符合一定的科学性和逻辑性,即所选择的教学内容既要符合教育理论规律,也要符合学生的身心发育规律。任何脱离这两种规律的内容都不能实现体育教学目标,甚至还可能给学生的身体带来损伤。

(3)体现体育教学内容的通用性与民族性。通用性意味着所选择的教学内容有一定的规范,其可以普遍适用于多种类型的学生,如田径、游泳等。这类教学内容构成了现代学校体育教学的主体。民族性则是要求体育教学内容中应逐渐加入一些具有民族特色的民间民俗体育活动,这不仅能丰富教学内容,还是培养学生爱国主义精神和凝聚民族向心力的有效方式,非常值得推崇。

## 三、不断创新体育教学的方法

随着信息时代的到来,体育教学也应该紧跟时代步伐,不断创新体育教学的方法,利用一些新媒体手段对体育教学方法进行创新,如将 MOOC 形式纳入体育课程当中,利用翻转课堂的方式来进行体育教学等,从而实现体育教学的目标。

## 四、建立合理的体育教学评价体系

建立合理的体育教学评价体系的目的是为了客观反馈体育教学的质量。目前,多数学校的体育教学评价体系都是以运动技能的掌握情况为着眼点的,从实际来看,这种带有明显技术导向的评价方式逐渐将体育教学课程训练化,教师也更加注重对运动技能的传授,关注学生掌握技能的情况,从而忽视了对学生情感态度与价值观的培养,这显然脱离了现代社会对人才的要求。鉴于此,就明确了体育教学评价体系理应是一种多层次的,能够涉及学生基础知识、基本技能、学习态度、学习情感等多项内容的体系。在评价方式上要更加注重形成性评价,并使用多元化的评价方法,以此更准确地获悉学生的体育学习成果。

## 五、提高体育教师的综合素质

作为体育教学主体之一的体育教师,其在体育教学过程中起着主导作用,这就使得体育教学质量的高低很大程度上与体育教师的综合素质高低有关。如此看来,提高体育教师的综合素质显然就成为始终需要关注的问题。现如今,不论是体育教学领域还是整个体育运动领域,其发展的速度可谓惊人,如果体育教师在入职之后就停止了学习,那么可预见其在两三年后所掌握的知识就可能落伍。为了弥补这一不足,体育教师除了自己要始终秉承坚持学习的宗旨外,学校也要组织各种形式的培训活动,帮助体育教师再学习,不断更新他们的知识,提升他们的综合教学能力。不仅如此,学校还要从优化体育教师学历、年龄等结构的角度入手,建立有效的竞争和激励机制,以求打造一个高效的体育教学团队。总之,只有不断促进体育教师的全面发展,才能为体育教学的创新提供源源不竭的动力。

## 六、力求实现有效体育教学

### (一)注重对体育教材的有效分析

要想实现有效体育教学,体育教师可以首先从研究体育教材开始。这种对教材的研究不能只是泛泛之读,而要做到认真、细致地研读,过程中还要参考相关体育教案,切实做到对教材吃透,以为有效体育教学打下牢固的基础。

### (二)注重对体育教学目标的有效分析

体育教学目标是体育教学期望达到的效果的标准。要想实现有效体育教学,提高体育教学的有效性,应该从以下方面设置体育教学的目标。

(1)对体育教学目标的制定要结合教材内容、课堂类型来进行。

(2)对体育教学目标的制定要具有具体性、明确性和可操作性。

(3)对体育教学目标的制定要结合学生的特点、学校体育资源来进行。

### (三)注重体育教学方法选择的有效性

体育教学方法的选择是否恰当直接决定了体育教学目标能否顺利实现。而如何做到正确有效地选择体育教学方法,就应从以下几个方面来着手。

(1)以教学内容为依据选择教学方法,且教学方法的选择要突出生动、具体、直观等特点。

(2)以课堂教学实际中出现的情况为依据灵活选择教学方法。

(3)以学生的身心发展规律为依据选择教学方法。

# 第三章 体育课程教学内容及其优化发展

体育课程教学内容是为了达到体育课程教学目标而选用的体育知识和技能的体系,是实现体育教学目标的根本载体。体育课程教学内容在体育课程教学体系中居于重要地位,它上承教学目标,下启教学活动,同时也是体育教材改革和体育课程设置的重要依据。优化体育课程教学内容对提高与改善体育课程教学效果具有重要意义。本章主要研究体育课程教学内容及其优化发展,首先阐释体育课程教学内容的基本常识,然后对体育课程内容资源的选择与开发利用、体育隐性课程与校本课程的开发及体育教材的选编展开研究,最后简要探讨体育课程教学内容优化与发展的对策。

## 第一节 体育课程教学内容的基本阐释

### 一、体育课程教学内容的概念

体育课程教学内容是依据体育课程教学目标选择的、根据学生发展需要和教学条件加工的、在体育课程教学环境下传授给学生的体育知识、运动技术和比赛方法等的总称。

### 二、体育课程教学内容的分类

体育课程教学内容的常见分类方法有以下几种。

## (一)交叉综合的分类方法

传统上主要以身体素质或运动项目为依据划分体育课程教学内容的类型,原人民教育出版社的王占春研究员指出这一分类方法比较单一,划分的类型不全面,因此提出了新的分类方法——"交叉综合的分类方法",基本框架如图 3-1 所示。

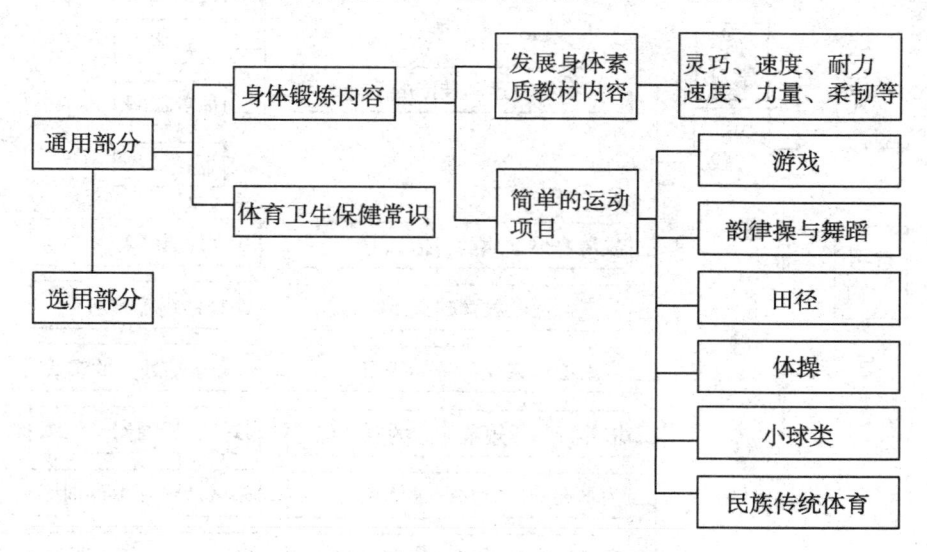

**图 3-1　交叉综合分类方法的基本框架**

## (二)根据教学目的分类方法

毛振明认为,交叉综合的分类方法缺乏逻辑性,以身体素质分类和以运动项目分类的上位还应有一个分类方法,这个所谓的"上位分类方法"就是"依据教学目的的分类方法",基本框架如图 3-2 所示。

## (三)个体体育能力发展分类方法

在现代体育课程教学改革中,个性化教学理念受到了关注,教学实践中越来越注重培养学生的个体能力,发展学生的个性,体育课程教学目标也不断拓展,除了掌握知识与技能,提高体质健康水平等目标外,还包括培养终身体育意识及能力的目标,有关学者从新的教学理念、教学目标出发，提出了体育课程教学内容分类的新方法——个体体育能力发展分类方法，基本框架如图 3-3 所示。

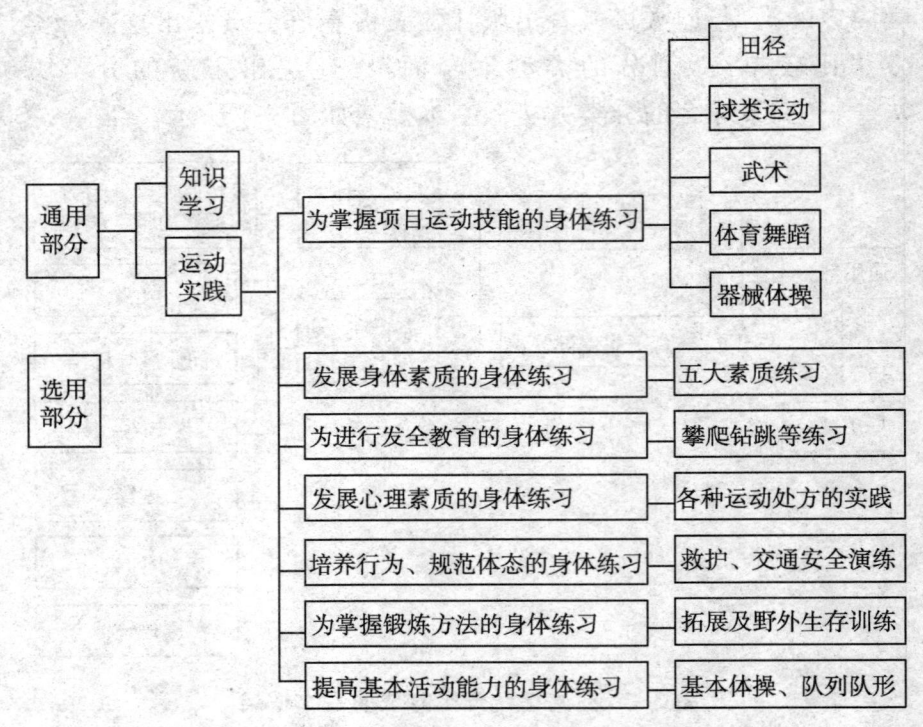

图 3-2  依据教学目的的分类方法的基本框架

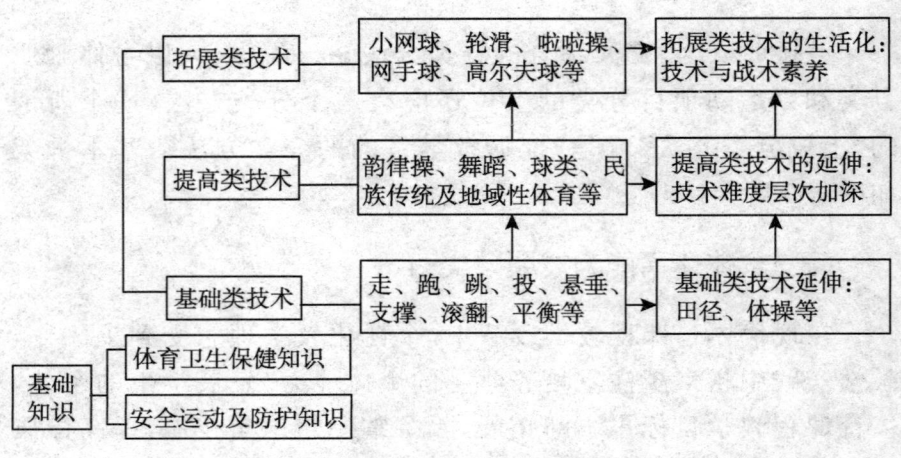

图 3-3  个体体育能力发展分类方法的基本框架

## 第三章　体育课程教学内容及其优化发展

在每个教学阶段基本上都会出现基础类、提高类和拓展类体育教学内容,如图3-4所示。在体育课程教学中要科学安排各类内容,具体应根据体育课程教学现状、学生基本情况等,按照从低到高、从简到繁、从基础到提高的顺序循序渐进安排,从而提高体育课程教学内容的实效性,提高各阶段的体育课程教学效果。

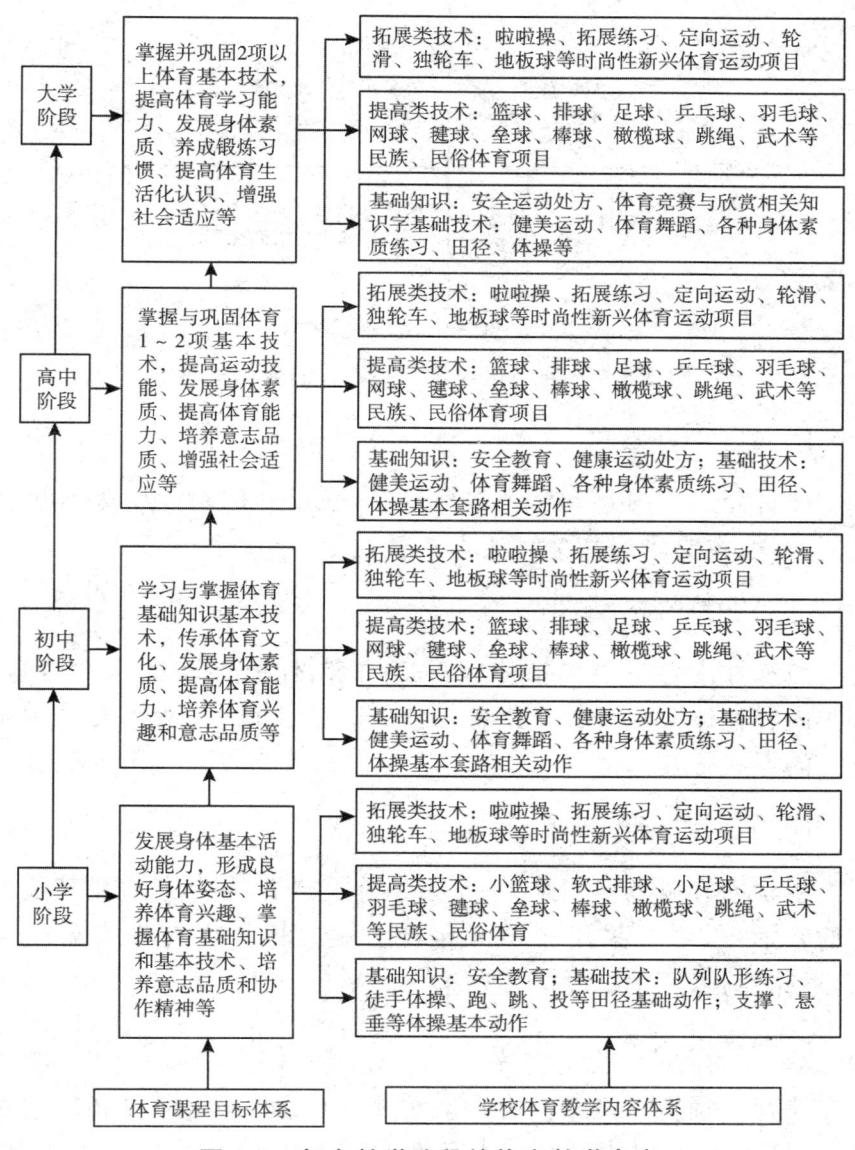

```
大学阶段 → 掌握并巩固2项以上体育基本技术,提高体育学习能力、发展身体素质、养成锻炼习惯、提高体育生活化认识、增强社会适应等
    → 拓展类技术:啦啦操、拓展练习、定向运动、轮滑、独轮车、地板球等时尚性新兴体育运动项目
    → 提高类技术:篮球、排球、足球、乒乓球、羽毛球、网球、毽球、垒球、棒球、橄榄球、跳绳、武术等民族、民俗体育项目
    → 基础知识:安全运动处方、体育竞赛与欣赏相关知识等基础技术;健美运动、体育舞蹈、各种身体素质练习、田径、体操等

高中阶段 → 掌握与巩固体育1~2项基本技术,提高运动技能、发展身体素质、提高体育能力、培养意志品质、增强社会适应等
    → 拓展类技术:啦啦操、拓展练习、定向运动、轮滑、独轮车、地板球等时尚性新兴体育运动项目
    → 提高类技术:篮球、排球、足球、乒乓球、羽毛球、网球、毽球、垒球、棒球、橄榄球、跳绳、武术等民族、民俗体育项目
    → 基础知识:安全教育、健康运动处方;基础技术:健美运动、体育舞蹈、各种身体素质练习、田径、体操基本套路相关动作

初中阶段 → 学习与掌握体育基础知识基本技术,传承体育文化、发展身体素质、提高体育能力、培养体育兴趣和意志品质等
    → 拓展类技术:啦啦操、拓展练习、定向运动、轮滑、独轮车、地板球等时尚性新兴体育运动项目
    → 提高类技术:篮球、排球、足球、乒乓球、羽毛球、网球、毽球、垒球、棒球、橄榄球、跳绳、武术等民族、民俗体育项目
    → 基础知识:安全教育、健康运动处方;基础技术:健美运动、体育舞蹈、各种身体素质练习、田径、体操基本套路相关动作

小学阶段 → 发展身体基本活动能力,形成良好身体姿态、培养体育兴趣、掌握体育基础知识和基本技术、培养意志品质和协作精神等
    → 拓展类技术:啦啦操、拓展练习、定向运动、轮滑、独轮车、地板球等时尚性新兴体育运动项目
    → 提高类技术:小篮球、软式排球、小足球、乒乓球、羽毛球、毽球、垒球、棒球、橄榄球、跳绳、武术等民族、民俗体育
    → 基础知识:安全教育;基础技术:队列队形练习、徒手体操、跑、跳、投等田径基础动作;支撑、悬垂等体操基本动作

体育课程目标体系    学校体育教学内容体系
```

**图3-4　每个教学阶段的体育教学内容**

## 三、体育课程教学内容的层次

体育课程教学内容可分为四个层次,分别是介绍性内容、锻炼性内容、粗学内容及精教内容,它们的坐标关系如图 3-5 所示。

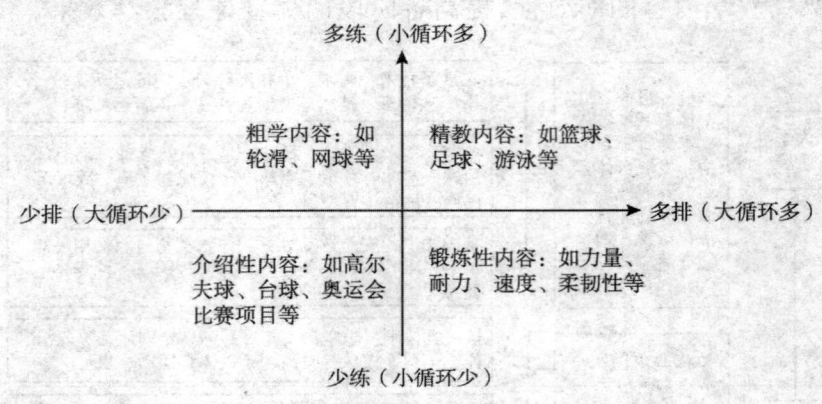

```
                    多练（小循环多）
                          ↑
        粗学内容：如       │  精教内容：如篮球、
        轮滑、网球等       │  足球、游泳等
                          │
少排（大循环少）──────────┼──────────→ 多排（大循环多）
                          │
        介绍性内容：如高尔  │  锻炼性内容：如力量、
        夫球、台球、奥运会  │  耐力、速度、柔韧性等
        比赛项目等         │
                          ↓
                    少练（小循环少）
```

图 3-5 体育课程教学内容层次的坐标关系

（一）介绍性内容

体育介绍性内容要求一次性教好,在以后的教学中不必过多重复,一般主要采用大单元的方式教授。

（二）锻炼性内容

锻炼性内容主要包括体能锻炼内容、体验性和知识性内容,这些内容在体育课程教学中各自占有一定比例,一般主要采用小单元的方式传授。

（三）粗学内容

粗学内容可以专门来教,也可以作为辅助内容穿插在其他内容的教学中,主要采用小单元传授方式。这类内容健身价值突出,趣味性强,所以广受学生欢迎。

（四）精教内容

体育课程重点教学内容一般都来自精教内容,所以必须重视这个层次的教学内容,每节体育课中这类内容不能占太多比例,否则课堂效率就会受到影响,所以一般以大单元传授为主。

以上各个层次的教学内容都有自己的特征、地位、作用及意义,因此在学期体育教学计划的制订中,要根据教学目标、教学任务、教学条件等有针对性地安排各层次内容,保证各层次内容在最适宜的时机出现在课堂中,以改善课堂教学效果,尽快实现教学目标。各层次教学内容的安排可参考图3-6。

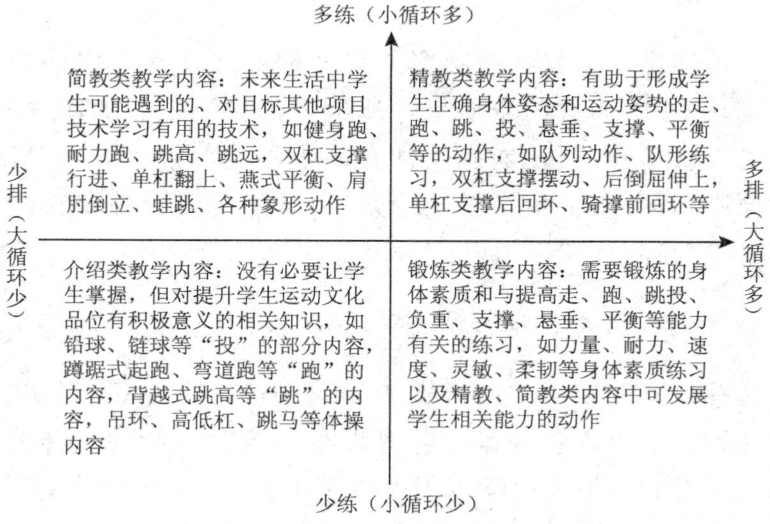

```
                        多练(小循环多)
                              │
  简教类教学内容:未来生活中学 │ 精教类教学内容:有助于形成学
  生可能遇到的、对目标其他项目 │ 生正确身体姿态和运动姿势的走、
  技术学习有用的技术,如健身跑、│ 跑、跳、投、悬垂、支撑、平衡
  耐力跑、跳高、跳远、双杠支撑 │ 等的动作,如队列动作、队形练
  行进、单杠翻上、燕式平衡、肩 │ 习,双杠支撑摆动、后倒屈伸上、
  肘倒立、蛙跳、各种象形动作   │ 单杠支撑后回环、骑撑前回环等
少排                           │                         多排
(大循环少)───────────────────┼──────────────────────(大循环多)
  介绍类教学内容:没有必要让学 │ 锻炼类教学内容:需要锻炼的身
  生掌握,但对提升学生运动文化 │ 体素质和与提高走、跑、跳投、
  品位有积极意义的相关知识,如 │ 负重、支撑、悬垂、平衡等能力
  铅球、链球等"投"的部分内容,│ 有关的练习,如力量、耐力、速
  蹲踞式起跑、弯道跑"跑"的   │ 度、灵敏、柔韧等身体素质练习
  内容,背越式跳高等"跳"的内 │ 以及精教、简教类内容中可发展
  容,吊环、高低杠、跳马等体操 │ 学生相关能力的动作
  内容                         │
                              │
                        少练(小循环少)
```

图3-6 各层次教学内容的安排

## 第二节 体育课程内容资源的选择与开发利用

### 一、体育课程教学内容资源的选择

(一)体育课程教学内容资源的选择原则

选择体育课程教学内容资源要贯彻以下几项原则。

1. 思想性与趣味性相结合原则

构建体育课程教学内容体系,应使学生树立良好的终身体育意识,培育学生的体育道德和竞争意识,这是现代社会发展的要求。在体育课程教学中要注重培养学生的学习兴趣,选择学生感兴趣的教学内容,这对提高学生学习质量、发挥学生潜在素质和能力具有重要影响。因此,选择体育课程教学内容,应坚持思想性与趣味性相结合的原则,寓教于乐。

2. 实践性与知识性相结合原则

选择体育课程教学内容资源要坚持实践性和知识性相结合的原则,这是由体育的本质属性所决定的。学生参加体育实践,不仅可以锻炼身体,还能感受体育的乐趣,获得成就感。贯彻知识性原则,就要向学生讲授理论知识,学生最终还是要在实践中理解、体验与内化理论知识。

3. 健身性与文化性相结合原则

选择体育课程教学内容资源必须坚持健身性和文化性相结合的原则。健身性主要是指体育课程内容的健康促进功能。文化性主要是指在体育教学过程中传递体育文化,培养学生正确的体育态度和体育观念,使学生形成良好的体育锻炼意识。

(二)体育课程教学内容资源的选择方法

常见的体育课程教学内容资源的选择方法有以下几种。

1. 加工改造法

选择体育课程教学内容资源,需要体育教师依据体育教学目标和学生的情况改革不符合学情、校情的内容资源。此外,体育教师还要根据学生的接受能力适当调整新引进的流行项目的方法、规则等结构要素,以便学生参与这些项目时更加顺利。

2. 开发创编法

我国实行新课改后,各地体育教师不同程度地开发民族民间运动项目,获得了一定的成果。教师在选择体育教学内容时,不仅要自己编选内容,还要让学生自主开发,从而培养学生的创新能力。

3. *层层筛选法*

层层筛选是指依据不同教学阶段体育教学目标的主次顺序,由主及次筛选体育教学内容资源的方法,其运用模型如图 3-7 所示。

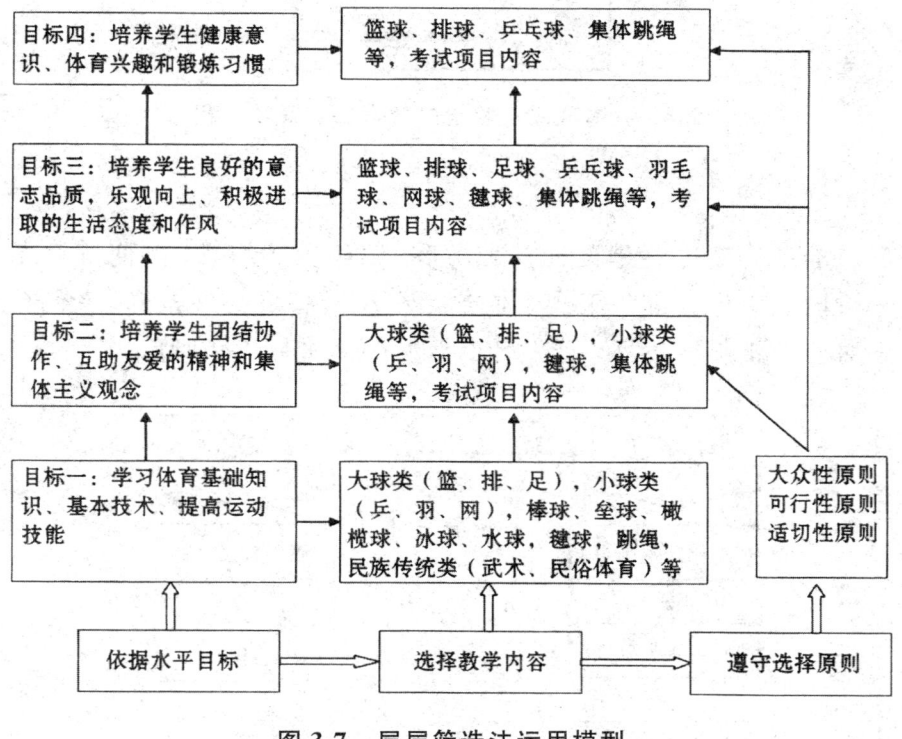

```
目标四:培养学生健康意识、体育兴趣和锻炼习惯 → 篮球、排球、乒乓球、集体跳绳等,考试项目内容

目标三:培养学生良好的意志品质,乐观向上、积极进取的生活态度和作风 → 篮球、排球、足球、乒乓球、羽毛球、网球、毽球、集体跳绳等,考试项目内容

目标二:培养学生团结协作、互助友爱的精神和集体主义观念 → 大球类(篮、排、足)、小球类(乒、羽、网)、毽球、集体跳绳等,考试项目内容

目标一:学习体育基础知识、基本技术、提高运动技能 → 大球类(篮、排、足)、小球类(乒、羽、网)、棒球、垒球、橄榄球、冰球、水球、毽球、跳绳、民族传统类(武术、民俗体育)等

依据水平目标 ⇒ 选择教学内容 ⇒ 遵守选择原则

大众性原则
可行性原则
适切性原则
```

图 3-7 层层筛选法运用模型

## 二、体育课程教学内容资源的开发利用

(一)体育课程教学内容资源开发程序

体育课程教学内容资源的开发过程包括准备、实施和总结三

个阶段,如图 3-8 所示。

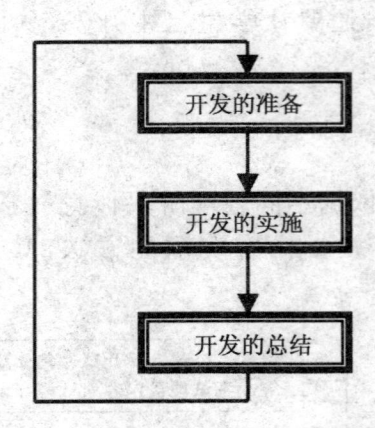

```
     ┌──────────────┐
     │   开发的准备   │
     └──────────────┘
            ↓
     ┌──────────────┐
     │   开发的实施   │
     └──────────────┘
            ↓
     ┌──────────────┐
     │   开发的总结   │
     └──────────────┘
```

图 3-8 体育课程教学内容资源的开发过程

1. 准备阶段

准备环节主要是设计开发方案,组织人力资源,以便开展下一阶段的工作。准备工作具体包括组织准备和方案准备,它们分别对应"谁来开发"和"开发什么"的问题,如图 3-9 所示。

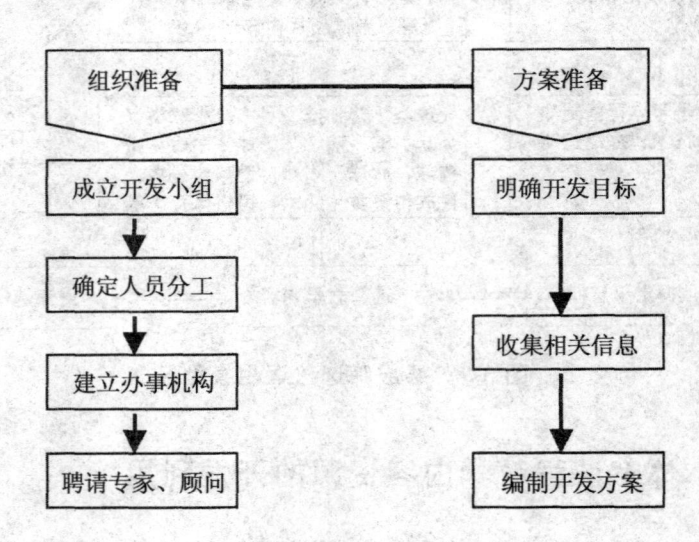

```
      组织准备 ──────────── 方案准备
         │                    │
    成立开发小组          明确开发目标
         │                    │
    确定人员分工          收集相关信息
         │                    │
    建立办事机构          编制开发方案
         │
    聘请专家、顾问
```

图 3-9 准备阶段

## 2. 实施阶段

实施阶段是整个开发过程的核心与关键阶段,在这一阶段要落实上一阶段设计的开发方案,具体解决如何开发、怎样开发的问题。体育课程内容资源是丰富、复杂、广泛的,所以开发实施阶段需要不断尝试、改进以及验证,这是一个循环往复的过程。

## 3. 总结阶段

总结阶段也是结束阶段,主要是回顾和评价前两个阶段的工作,展示成果,发现不足,总结经验教训,以便为下一次开发提供经验。总结阶段的主要工作如图3-10所示。

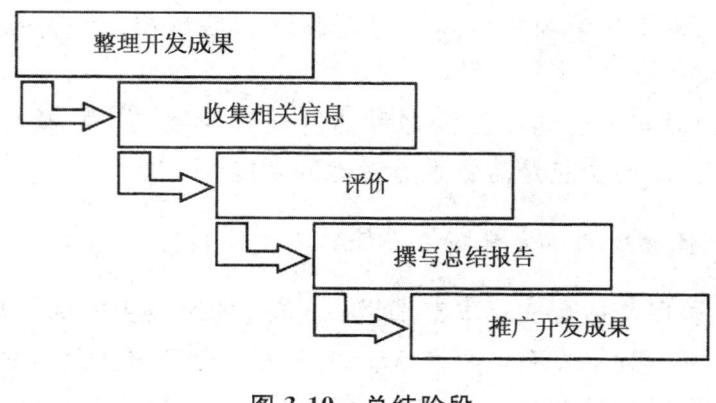

图 3-10 总结阶段

## (二)不同体育课程内容资源的开发与利用

### 1. 竞技运动项目的开发与利用

竞技运动是传统体育课程教学内容的主要来源。提高运动成绩是竞技运动教学的最终目的,这个教学目的忽略了学生的健康,不符合体育课程教学新理念,因此在新体育课程教学中要使用竞技运动项目内容,就要对其进行适当改造,剔除弊端(单纯追求运动成绩),发挥优势(鼓励学生)。改造竞技运动项目内容,首先要简化竞赛规则,删除对学生健康不利的规则,留下有利于激发学生兴趣的规则,甚至要根据学生的实际情况和学校教学条件来适当改变原来的规则,这主要是指规则的异化。简化与异化规则对体育教师的能力提出了一定的要求,体育教师要充分发挥主导作用,适当改造竞技运动项目,完善课程设计,使其与学生的身心发展特征及学习需求保持一致。

下面分析几种常见的改造竞技运动项目的方法。

(1)对竞技运动项目的技术结构进行简化,降低难度,帮助学生减轻身心负担,但不能影响运动项目增强学生体能、增进学生健康功能的发挥。

(2)根据教学实际对场地器材的规格进行调整,修改比赛规则,增加趣味性规则,提高学生的参与兴趣。

(3)根据学生的身心发展特点调整运动负荷,预防运动损伤的发生。

(4)对竞技运动项目的多种功能充分挖掘,健身、健心、社会交往等方面的功能是需要重点考虑的功能。

## 2. 民族民间体育类项目资源的开发与利用

我国民族体育文化丰富灿烂,对宝贵的民族民间体育项目资源进行开发利用具有重要意义。挑选与整理民族文化色彩浓郁、民族特征鲜明且在某一或某些地区广泛开展的体育活动。在体育课堂上引入这些内容,不仅可以提高学生的学习兴趣,使学生在实践参与中提高健康水平,还能使学生对我国民族传统文化有一定的了解,激发学生的民族自豪感,促进民族传统体育文化在青少年群体中的传播。

体育教师对民族民间体育项目进行开发与改造,要以学生的身心发展特征及兴趣爱好为依据,要结合学生的生活经验进行改造,但不能破坏民族类项目中的民族风俗习惯。体育教师还应引导学生从当地气候、自然地理等条件出发创造具有本地、本校特色的民族民间体育项目,从而在丰富体育课程内容的同时培养学生的创造力。

## 3. 新兴运动项目的开发和利用

传统体育教学内容过分强调竞技化，脱离了学生的生活，不符合学生的身心发展特点，无法满足学生的学习需要，也不符合现代社会的发展要求。体育课程教学改革强调引进具有时代性的、与学生实际生活密切联系的教学内容。因此，各地应在保留优良传统项目的基础上与时俱进，对具有时代性的、对学生身心健康有益的运动项目精心挑选，积极引入健美运动、现代舞、滑板等新兴运动项目，以激发学生的兴趣，提高学生参与的热情。体育教师应把学生追求的体育时尚转变成健康安全、积极向上的课程内容，同时根据学校的教学条件适当改造新兴运动项目，为体育课堂教学注入生机，添加活力。

# 第三节 体育隐性课程与校本课程的科学开发

## 一、体育隐性课程的科学开发

### (一)体育隐性课程概述

1. 体育隐性课程的界定

以间接、内隐的方式呈现的体育课程就是体育隐性课程，体育隐性课程主张利用各种体育教育因素对学生施加潜在影响，使学生在潜移默化中受到熏陶与感染，正所谓"随风潜入夜，润物细无声"。[①]

---

① 于晓东,刘庆广,窦秀敏. 体育课程热点探索[M]. 北京：人民体育出版社. 2008.

## 2. 体育隐性课程的特点

体育隐性课程的特点是针对体育显性课程而言的,具体表现在以下几方面。

(1)全体性。

全体性是针对教学对象而言的,全体教学对象在体育隐性课程中都会受到影响。

(2)弥散性。

弥散性是针对教育内容的而言的,体育课堂氛围、体育课外活动、学校体育媒体等内隐性的体育教育内容无处不在,这些都是体育隐性课程的重要载体。

(3)隐蔽性。

隐蔽性是针对教育方式而言的,体育隐性课程对学生产生潜在、隐蔽的影响,这是不容易发现的。

(4)非强制性。

非强制性是针对教育手段而言的,体育隐性课程不会对心理正常的个体产生强制性影响。

(5)广泛性与侧重性。

广泛性与侧重性是针对教育经验而言的,体育隐性课程将广泛的教育经验传递给学生,但传递的这些经验是有所侧重的,主要是非学术性知识和非理性文化。

(6)两重性。

两重性是针对教育心理而言的,体育隐性课程是有意识的,如教育者研究与开发体育隐性课程是有意识的心理活动。体育隐性课程也是无意识的,如学生在潜移默化中受到影响与感染则是无意识的心理活动。

(7)两面性。

两面性是针对教育结果而言的,体育隐性课程可以产生正效应,也可以产生负效应,也就是说产生的影响可以是积极的,也可以是消极的。

## 第三章 体育课程教学内容及其优化发展

(8) 个性差异性与持久性。

个体差异性与持久性是针对教育效果而言的,体育隐性课程对不同个体产生的影响是有差异的。在体育隐性课程的教育中,个体受到潜在影响,某些心理品质逐渐形成,并长期保持稳定。

### 3. 体育隐性课程的内容

将体育隐性课程经验传递给学生需要各种载体的支持,这些载体就是体育隐性课程的内容。学校体育隐性课程的内容涉及面广,大体可以概括为以下几点。

第一,学校体育运动(课堂体育活动及课外体育活动)。
第二,学校体育物质环境(学校体育场馆、器材、艺术品等)。
第三,学校体育传媒(体育图书、报纸、杂志、广播、电视等)。
第四,学校体育文化生活(如学校运动会、校园体育节等)。
第五,学校体育氛围、体育舆论、体育教学中的人际关系等。
第六,体育教师的仪态、人格、教学风格、管理方式等。
第七,学校体育管理方法措施。

### (二)体育隐性课程开发的原则

开发体育隐性课程,需要贯彻如下几项重要原则。

### 1. 优化选择

体育隐性课程所产生的作用既可能有积极的一面,也可能有消极的一面,而且不同隐性课程所起的积极作用也有大小程度的区别。所以对体育隐性课程进行开发的过程中,要认真审核各种体育信息、文化、经验,适当加工处理,加强对消极因素的控制,实现消极向积极的转变,将负面影响降到最低甚至完全将其消除,同时强化积极作用,使正面影响不断扩大,优化体育隐性课程经验,以通过体育隐性课程更好地促进学生健康发展。

### 2. 注重一体化

这里所说的一体化具有以下几方面的含义。

(1)体育显性课程与隐性课程的一体化。

体育显性课程与隐性课程存在明显的差异,主要体现在教育方式、教育经验等方面。但二者在某些方面也是具有一致性的,主要体现在教育目的上,如果教育目的不一致,教育的方向与效果就会受到影响。所以在体育显性课程的开发中,要对其潜在影响给予关注,在体育隐性课程的开发中,应对其显性影响给予关注,促进体育显性课程与隐性课程的协调统一,快速实现预期的教育目的。

(2)体育隐性课程载体的一体化。

体育隐性课程既有物质载体,又有精神载体;既有有形载体,又有无形载体;既有社会载体,又有心理载体。总之,体育隐性课程的载体丰富多样,且较为复杂。只有全面组织与合理安排各种载体,才能使各载体的效能发挥到极致。因此,在体育隐性课程的开发中,要树立全局观,对体育隐性课程的各种要素统筹规划、周密安排,不能忽视任何一种重要因素,否则将会影响课程效能的发挥。

(3)学校教育、家庭教育、社会教育的一体化。

在青少年教育系统中,起主导作用的是学校教育,家庭教育与社会教育起重要的辅助作用。学校教育与家庭教育、社会教育关系密切,任何教育都不能完全孤立进行,在体育隐性课程开发中要紧密结合这三方面的教育,坚持"三位一体",形成教育合力,提高教育效果。

3. 因地制宜

不同学校有不同的传统特色和体育文化环境,因此各校中体育隐性课程的表现形态也存在一定差异。所以在体育隐性课程的开发中,要贯彻因地制宜原则,结合各校客观实际对优势条件与资源进行挖掘与利用,提高体育隐性课程建设效果。

4. 重点突破

在体育隐性课程的全面开发中,平均用力会影响课程开发的效率与成果,因此要有重点地进行突破,以尽快取得可观的成果。在具体开发过程中,要从特定需要出发根据环境及各相关要素的变化而灵活调整,对体育隐性课程要素的选择应有针对性、目的性,应突出重点,以形成特定的情境氛围,对学生产生积极影响,使预期的教育目的尽可能快速实现。

(三)体育隐性课程开发的途径

学校比较常见的体育隐性课程载体就是我们在体育隐性课程概述中所提到的丰富多样的体育隐性课程内容,这些载体与内容也是体育隐性课程开发的主要途径,下面简要分析其中几个载体。

1. 体育课堂教学内容

很多体育隐性课程载体都能使学生获得体育理性文化,其中在这方面最重要和最有效的载体是体育课堂教学内容。除了能使学生获得体育理性文化外,体育课堂教学内容还能使学生不同程度地获得体育价值取向、体育理想、体育情感、体育信念等体育非理性文化,这些内容隐含于课堂教学内容中。可见体育隐性课程同时具有潜在影响和显性影响。

2. 体育教育管理方法

这里重点指体育教师对学生的管理方法。以管理决策者的类型为依据,可以将体育教育管理方法分为以下三种类型,它们会对学生产生不同的影响。

(1)专制型管理。

在专制管理中,教师的言语、表情、方式总是带有命令性,为了控制学生,教师经常采用批评和惩罚手段,而对学生的意见和需求不予理会。在这种管理方式下,教学氛围总是压抑的,学生消极被动学习,一味顺从,独立性缺乏。

(2)放任型管理。

一些不负责任的教师采用放羊式管理方法,任学生自由轻松地学习,但因为学生对学习目标与任务不明确,独立学习能力也较差,再加上缺乏统一的组织管理,导致学生学习效率低。

(3)民主型管理。

在这类管理中,教师教学态度亲善,经常考虑学生的需要,听取学生的意见,给予学生很多的鼓励,而且与学生一起制定符合学生实际情况的教学计划,师生共同配合完成教学任务,共同追求更高层次的教学目标。学生在这样的教学氛围中,出于满足自我需求和实现自我价值的需要而主动学习,这对于学生独立学习能力及创造能力的提升具有重要意义。

综合以上几种管理方式来看,我们应倡导民主型管理方式,改进其他两种管理方式,并积极研究新的多元化的管理方式,以提高管理效果。

3. 体育教学中的人际关系

体育教学中各成员之间由交往而形成的心理上的关系就是体育教学中的人际关系,一般主要用心理距离来表示人际关系的密切程度。[①] 师生关系和同学关系是体育教学中人际关系的主要表现。

体育教学中的人际关系具有重要的潜在影响,主要表现在以下几方面。

第一,影响班级成员、班集体及其所属的整个组织系统的存在与发展。

第二,影响班级教学活动与管理活动。

第三,影响学校体育教育职能和组织效能的发挥。

体育教学中人际关系的影响具体表现如下。

(1)影响学习效果。

体育教学中人际关系的好坏对学生的学习效果有直接的影响。班级内部良好的人际关系是激发学生学习热情的重要外部

---

① 于晓东,刘庆广,窦秀敏. 体育课程热点探索[M]. 北京:人民体育出版社. 2008.

条件,能够使学生在学习中充分发挥能动性、创造性,提高学习效率;反之,如果班级内部人际关系差,学生之间有冲突、摩擦,则会阻碍学生的学习,影响学习效果。

(2)影响心理健康。

人际关系与情绪体验的联系比较密切,人际关系能够直接引发某种强烈的情绪,而且这种情绪又具有一定的持续性,会影响人的心理健康。所以说,体育教学中的人际关系会影响教师与学生的心理健康。如果人际关系不和谐,就会使师生感到紧张不安,一些心理素质较差的学生还会出现心理障碍甚至心理疾病。

(3)影响个体发展。

体育教学中和谐融洽的人际关系有助于师生之间、生生之间交往互动的频率和深度增加,促进交往质量的提升。学生在与教师、同学的交往互动中可以获取知识、信息,可以进行思想情感交流,这对交往双方的成长与发展都具有重要意义。

(4)影响团结。

团结一致和极高的凝聚力是建立在良好人际关系基础之上的。班集体的团结程度、凝聚力可以从班级中师生关系与同学关系的实际情况中反映出来。如果班集体内人际关系和谐融洽,则这个团体往往士气高,很团结。反之,如果人际关系差,矛盾冲突多,则集体内部就不够团结,凝聚力差。

4. 学校体育风气

学校体育风气是指学校在体育教育方面养成并流行的较为普遍、稳定的具有独特性的思想行为作风。[①] 学校体育风气主要包括体育"传统"风气、教书育人风气、学习锻炼风气。学校良好体育风气所产生的教育力量是无形的、巨大的,对学生的影响是潜移默化的。

学校不可能在短时间内就形成持久稳定的良好体育风气,体

---

① 于晓东,刘庆广,窦秀敏. 体育课程热点探索[M]. 北京:人民体育出版社. 2008.

育风气的形成要经历一个长期的过程,在大量的实践活动中逐步形成,这需要学校体育工作者及全体师生积极参与,长期努力坚持,配合各项学校体育工作的开展。具体要通过以下措施来加快学校良好体育风气的形成。

(1)争取学校领导在物力、人力、财力、政策等方面的支持。

(2)促进体育教师及其他体育工作者综合素质的提升,提高学校体育教育工作效率。

(3)加大对校园体育活动及健康理念的宣传力度,培养学生的自觉锻炼意识。

(4)改善学校体育硬件条件,健全学校体育管理规章制度。

(5)构建"三位一体"(学校、家庭、社会)的立体化体育教育网络。

5. 学校体育传媒

学校体育传媒指体育图书、体育广播、体育校报与杂志等。利用这些体育传播媒介,可以将体育信息快速、广泛地传递给学生,使学生获取丰富的体育知识与潜在经验。开发学校体育传媒,要特别注意以下两点。

第一,对体育传媒的意义与价值要有正确的认识,对丰富的体育传媒资源进行开发,将其引进学校,合理利用。

第二,体育传媒的影响既有积极的一面,又有消极的一面,要充分发挥体育传媒的积极作用,防止因利用不合理而产生消极影响。

## 二、体育校本课程的科学开发

(一)体育校本课程开发的基本理念

1. "以学生为本"理念

不管开发什么类型的课程,都必须同时对学生需要、社会发展和学科知识体系这三个要素加以考虑,采用的开发模式不同,则这三个要素的侧重点就会不同。如果是开发国家本位的课程,社会发展和学科知识体系往往是被重点关注的因素,学生的学习需要特别是不同学生的个性化学习需求容易被忽视。如果是开发学校本位的课程,学生的学习需要是首要考虑因素,同时也要兼顾学科知识体系与社会发展这两个因素。要树立"以学生为本"理念,尊重不同学生的个体差异,了解并满足学生的个性化学习需求。

在"以学生为本理念"的指导下开发校本课程,要求合理选择与设计课程内容,设置多样化的课程门类,选择适应性强的课程内容,运用丰富有趣的教学方式,这有助于学生对体育学科知识的系统把握和理解。

2. 民主理念

当前,个体的自我价值越来越受到人们的重视,开发校本课程也体现了这一点。学校希望拥有自主管理权限,希望参与本校教育的决策过程,这是学校对民主的呼吁与渴望,开发校本课程正是对学校这一呼吁的回应。

3. 公平理念

开发校本课程并不意味着学校要大包大揽,要独自将所有课程事物都包揽下来,这是由众多人员共同参与的民主决策过程,参与者主要包括课程专家、教育人员、校长、师生、学生家长以及相关社会人士等。这些人都享有公平参与校本课程开发的权利。

开发校本课程,要注意地区差异、学校差异,要考虑多元性。尊重差异性和多元性也是民主理念的体现,一般来说,民主的事物相对公平,所以开发校本课程要树立公平理念。

4. 合作理念

开发校本课程需要由教师做课程实施的决策,具体的各项决策应由相关人员共同参与。这就在校本课程的开发过程中形成了以教师为主体,课程专家、学生、家长和社会相关人士共同参与的合作共同体。这个共同体中的成员之间可以平等交流、相互合作、自由发表意见,共同参与课程开发相关问题的探讨,最终经过共同体的协同配合,制定出大家共同认可的开发方案。

（二）体育校本课程开发应注意的问题

作为体育新课程改革的一个亮点,校本课程越来越受重视,学校通过开发校本课程来彰显学校特色,促进学生个性化发展。在体育校本课程的开发中,应重点注意以下几个问题。

1. 探索体育教师专业发展与体育校本课程开发的同步机制

体育教师专业发展与体育校本课程开发密不可分,二者是一个互动体,具体从以下两个方面来理解。

第一,专业体育教师队伍是开发体育校本课程的重要力量,教师的课程意识、课程开发能力对课程开发的效果有直接的影响。现阶段我国体育校本课程开发困难,主要就是因为缺乏专业素质水平高的体育师资力量,很多体育教师不具备课程意识,课程开发能力较弱,而且参与课程开发的积极性不高。

第二,体育教师参与体育校本课程开发,可以增强课程意识,使自己的课程开发能力有所提高,最终促进自身专业素质的提升,可见校本课程开发是教师提升自己的一个重要途径。

正因为教师专业发展与校本课程开发是密切联系的互动体,所以要加快建立将二者结合起来的有效机制,使二者同步发展。实践证明,体育教师参与体育校本课程开发确实能够获得很多专业层面的收获,这不仅是因为学校对他们进行了专业培训,更重要的是因为教师在课程研发中主动学习、思考、探索、实践,不断突破自己,最终在专业素质上实现了质的提升。

总之,校本课程开发需要专业教师的支持,开发校本课程要对教师的专业发展予以关注,如此才能实现校本课程开发与教师专业能力的同步发展、互动发展。

2. 研究体育校本课程区域推进的外在评价机制

现阶段,体育校本课程开发缺乏明确、具体和操作性强的政策,正因如此,开发体育校本课程的环境与空间才更加宽松、自由,但与此同时,校本课程开发的外在评价处于空白状态。因为缺乏校本课程的外在评价机制,所以在一定范围内我们无法判断开发的校本课程是好是坏,是优是劣,缺乏甄别的科学标准。针对这个问题,我们急需建立区域性的校本课程外在评价机制,从而为区域性的校本课程开发提供指导。

评价校本课程的开发质量时,可将量化评价与质化评价结合起来,校本课程开发的评价指标体系应包含以下内容。

第一,校本课程开发的要素(课程目标、课程内容、课程组织、课程供应等)是否全面,各要素是否一致。

第二,课程是否能够使学生的兴趣爱好得到满足,是否令学生、教师满意。

第三,课程是否有绩效,课程目标能否体现出学生在各方面的进步与提高,学生通过努力是否能够达成课程目标。

第四,课程是否具有学校特色,能否体现出不同于其他学校课程的特征,是否具备其他学校没有的优势。

第五,课程能否满足地方需求,师生、家长、课程专家等是否有机会平等参与课程决策。

只有按上述指标构建校本课程推进的区域评价机制,才能为校本课程的开发提供科学引导,使校本课程开发更具科学性,提高课程开发的规范程度。

3. 探索体育校本课程区域推进的保障机制

目前,体育校本课程开发还处于"边缘状态",虽然有开发的方向,但是没有明确的决策,这个现状还会持续很长一段时间,区域层面对校本课程开发不予干涉,这为学校开发校本课程提供了充足的空间与自由,但学校体育校本课程的开发还是离不开区域层面的支持与帮助,因此要构建区域性的保障机制,推动校本课程开发进程。保障机制具体包括以下内容。

(1)组建校本课程开发的机构。

校本课程开发的机构应具有自发性与独特性,下面分别分析这两个特质。

第一,该机构是专门为开发校本课程组建的,不具有行政性质,是民间机构,它主要服务于校本课程开发,有关人员自发组织起来参与校本课程开发或提供相关信息与帮助。这是该机构自发性特征的体现。

第二,行政层面不干预该机构的活动,该机构按一定的规律与原则开发校本课程,组织研讨与展示等相关活动,这是该机构独特性特征的体现。

(2)创建校本课程开发的区域性资源库。

开发体育校本课程,要考虑成本问题。虽然有的学校在开发体育校本课程方面成果显著,但投入的成本很高,收获与成本不成比例,甚至得不偿失。学校耗费很长的时间,且投入很多的财力、物力及人力资源开发课程,如果在教学实践中该课程只有少数几个课时,那么就会造成浪费。对于这个情况,我们有必要引入资源共享的理念,在一定区域范围内创建校本课程开发的资源库,提高资源的利用率,从而防止在课程开发中出现资源浪费的问题。

4. 研究社会资源在校本课程开发中的利用空间

随着社会的进步与经济的快速发展,教育的开放程度越来越高,国民教育体系中,学校教育、家庭教育及社会教育是密切联系、缺一不可的。校本课程开发本身就具有一定的独特性,可以将此作为连接学校、家庭、社会教育的纽带与桥梁。这不仅是因为开发校本课程需要教师、家长、社会相关人员共同参与决策,还因为家庭和社会环境中有很多教育因素可供挖掘与开发,可以衍生一些新的校本课程。如一些学校基于当地优美的地理环境、淳朴的民俗民风而加工整理当地优势资源,并将当地社会机构、家庭及企业的相关资源利用起来,从而开发出地域特色浓厚的校本课程。

有些学校虽然没有可观的地域优势,但是社区资源和家庭资源都比较丰富、成熟,且素质较高,所以在课程开发中吸取这些资源,为开发校本课程提供帮助。而且从目前来看,社会资源的利用空间呈扩大化趋势,未来开发校本课程时要开拓视野、扩大视角的投射范围,将学校周边的社会地域资源及人力物力资源充分利用起来,如此将取得更好的开发效果。

## 第四节 体育课程教材的合理选编

### 一、我国体育课程教材的现状

和以前的体育课程教材相比而言,当前我国体育课教材既有统一性,又有灵活性,运动项目的固有特点和系统性被保留下来,强调运动项目的健身性、趣味性、人文性、时代性,强调体质、运动技能、情感、社会等方面的教学目标,这些都是体育课程教材进步的表现。但目前我国的体育课程教材还是存在一些不足之处的,具体表现在以下几个方面。

(一)过分重视统一性,缺乏足够的灵活性

体育教材中教学内容的基本部分(统一性部分)所占的比例大约70%,每项内容都对学时数进行了规定,每学年的总学时数相对固定,而选用部分的教学内容仅占30%。从教学内容的比例结构来看,教材过分重视统一性,缺乏一定的灵活性。我国地域广袤,各地地理环境存在差异,经济水平有高有低,体育教学环境与条件也有比较明显的差别,学生身心发展也呈现出不同水平,即使是同龄学生也并不一定都是同步发展的,这是客观事实。而各地体育教材的内容、教学时数、教学要求基本无异,具有很大的局限性,这给各校体育教学的开展带来了困扰。

(二)强调共性,没有突出个性化

我国体育课教材过于强调共性,个性化不突出,主要从以下几方面体现出来。

第一,有很多统一要求的教学内容,只有少数教学内容是具有个性化的。

第二,考核标准的要求是统一的,按照统一的考核标准无法考量学生的个性发展情况。

第三,很多指令性内容重复出现,变化性内容少,不利于学生展现个性才能。

(三)竞技性过于突出,缺乏娱乐性

竞技运动项目既具有健身价值,又具有激励作用,可以培养学生的竞争意识,提高学生的竞争力,所以体育教材中普遍将此作为主要教学内容。但如果过多追求竞技,强调让学生掌握标准的运动技术,并根据学生的运动技能掌握情况进行体育成绩的衡量,则有可能造成体育教学的异化,这与运动训练无异,这样的体育课缺乏娱乐性和新鲜感,枯燥单一,与学生身心特点不符,也不适应学生的学习兴趣和需要,难以吸引学生参与。现行教材的教学大纲、教学内容、教学考核要求都具有明显的竞技性倾向,运动项目的健身性、娱乐性不够突显。

(四)强调增强体质的意识,忽视了终身体育意识

增强体质是学校体育的首要目标,但仅仅将此作为选编教材和确定教学内容的依据并不一定合适,主要原因如下。

第一,从身体锻炼的影响来看,要通过每周少数的几节体育课来实现增强体质的目标是很难的,只靠体育课来增强学生体质不是很现实。

第二,青少年学生精力充沛、生命力旺盛,他们对增强体质的需要不强烈,这方面的追求并不是很迫切,对锻炼效果也不是很重视,所以学校围绕增强体质和提高锻炼效果而确定的教学内容难以将学生学习的热情与积极性调动起来。因此,选编教材和确定教学内容要考虑学生的体育兴趣爱好,要引导学生端正体育态度,掌握体育方法,提高体育能力,体验体育乐趣,树立终身体育意识,逐渐提高社会化程度。

## 二、合理选编体育课程教材的几点要求

一般来说,体育课教材选编应做到以下几点要求,或者说要突出以下几项特点。

(一)突出健身性

健身性是体育的本质属性。提高学生的健康水平是体育课程教学最重要的目标之一。体育教材的选编要突出健身性特征,具体表现如下。

1. 考虑体育教材的健身功能

不同的教材,练习的效果往往是不一样的,同样的教材用于不同的教育对象,在效果上也会有差异。因此要根据教学对象的身心发展特点来合理选编教材。

2. 考虑体育教材对心理的积极影响

教材对学生的心理有重要的影响,选编教材要考虑是否对学生顽强意志、健康个性和积极向上的心理品质的形成与发展有益,从而促进学生身心全面发展。

### 3. 考虑体育教材的优化功能

一般情况下,只要合理运用教材,教材对学生的健康促进作用都能得到充分发挥。但不同教材的影响程度不一样,同样的教材、不同的搭配所产生的效果也不同。因此,运用时要争取优选出最具健身效果的教材,既要注意教材本身的健康价值,又要注意教材的合理搭配,以取得最佳效果。

## (二)具有典型性

体育课教学内容非常丰富,教材类别多,同类教材项目也多,教学内容仅为其中的一小部分,选择余地很大。因此,选编体育教材应具有典型性,具体表现如下。

(1)在能达成同一教学目标的各类教材中,选择最具代表性的教材。

(2)在可以达成同一目标的同类教材中,选择最具代表性的教材。

(3)选用的教材在同类教材中,在技术结构或身心发展上具有代表意义,从而为其他同类教材的学习奠定基础,产生正迁移作用。

## (三)注意文化性

体育是人类特有的一种社会活动,它具有继承性、民族性、时代性、世界性等文化特征。体育不但具有外在的运动行为方式,而且具有内在的价值观念、意识形态和行为规范等,这些无疑是文化的重要组成部分。选编体育教材要充分考虑教材的文化特征,具体要注意以下几点。

(1)注意对优秀传统教材的继承,使之得到发展。

(2)注意对民族教材的选择,使之能够发扬光大。

(3)注意对世界优秀教材的吸收,使教材体系更具有时代气息。

(4)注意挖掘教材的文化内涵,加强对学生非智力因素的培养,使学生形成正确的价值观念、良好的体育道德和符合时代要求的体育行为规范。

(四)增强娱乐性

树立终身体育意识和形成终身体育能力是体育教学的主要目标。体育教材的娱乐性会影响学生终身体育意识的树立和终身体育能力的形成,所以要增强教材的娱乐性,使学生体验体育运动的乐趣,领略体育魅力,提高他们参加体育活动的积极性和自觉性,使学生精神愉悦,形成良好的体育态度。

(五)讲究实用性

体育教材是学生学习体育知识、增强体质、培养终身体育意识和能力的载体。因此,体育教材的实用性是非常重要的,其具体表现在以下几方面。

(1)体育教材对激发学生的体育兴趣、培养学生的体育能力、促进学生身心发展有非常积极的促进作用。

(2)选用的教材要有适宜的教学条件作保证,这样的教材具有推广的条件和价值,学生在课余既愿意练,又有条件练,有助于培养良好的锻炼习惯,为其树立终身体育意识和形成终身体育能力奠定良好的基础。

(3)选用的教材对于体育教学目标的实现有较高的价值。这种价值是其他教材所不具备的,这就是通常所说的最优化。

(六)体现时代性

体育课教学内容随着时代的进步而产生适应性的变化。当今社会文明程度不断提高,竞争加剧,生活节奏加快,加上营养过剩等各种因素交织在一起,导致"文明病"出现,因而对防治"文明病"有重要作用的健身运动、健美运动等社会体育活动,以及娱乐性较强的休闲娱乐体育也逐渐流行起来,人们重新开始关注健康问题。要提高学生的社会化程度，就要关注社会体育的趋势和动态，并对其中一些内容进行教材化改造，使它们成为体育教材体系中的一部分，使体育教材具有时代特点，与社会保持动态平衡。

## 第五节 体育课程教学内容优化与发展对策的思考

### 一、体育课程教学内容的优化

对体育课程教学内容进行优化，关键是要优化体育课程教学结构，具体包括形式的结构与实质结构的优化。

形式结构指的是体育教材等在体育课程教学中起辅助作用的内容，优化体育课程教学的形式结构，可以使学生正确认识与认真对待体育课，可以缩短学生学习体育知识与技能的时间，加深学生对体育教学内容的理解，提高学生的学习效率和教师的教学效果。总之，对体育课程教学形式结构的优化其实就是优化体育课程理论体系。

除了要优化体育课程教学的形式结构外，还要重视对体育课程教学实质结构的优化。体育教师在授课过程中是带有主观意愿的，具体表现在教师对课程结构框架的构想与理解中，教师以自身的思维、理解与行动来对体育课程主题加以确定，对课程内容进行合理安排，对教学方法进行优化设计，从而向学生传授体育知识及技能，使学生学有所获、学有所成。

在科学研究与实践经验中发现，对体育课程教学内容体系进行优化，就要尽可能使教学内容与教学目标保持一致性，将形式结构的优化与实质结构的优化都重视起来，促进体育课程教学内容体系的优化与完善，从本质上提高教学内容的科学性。

## 二、体育课程教学内容的发展对策

### (一)以人为本,明确教学定位

学校体育教学目标是随着时代的进步与社会的发展而不断变化的。目前来看,其大概经历了从"技能→体质→健康"的一个演变过程。在信息时代,社会的进一步发展对人们的生存能力及综合素质又提出了更高的要求,人们既要有健康的身心,又要能在激烈的竞争环境中高质量地生活与工作。体育课程教学改革要求以学生发展为中心,确保所有教育对象受益。"以人为本"是体育课程教学的重要指导思想,该理念能够正确引导学校对不同类型人才的培养。确定指导思想后,要对教学目标重新定位,并正确理解不同类型教学目标的内涵。将教学目标确定好后,就要从学校教学条件和学生学习需要出发对适应学生身心发展特征及能够满足学生身心发展需要的教学内容加以选择,所选内容既要有助于学生对体育知识与技能的掌握,又有助于培养学生的体育人文素养,还要对培养学生的终身体育意识与能力有积极促进作用。

### (二)深入开发体育教学内容资源

目前,学校体育教学内容以传统教学内容为主,学校不够重视开发新的体育教学内容资源,而且对新兴体育教学内容资源也缺乏一定的认识。随着素质教育的不断发展,在素质教育理念下学校必须大力改革体育课程内容,对体育课程空间加以拓展,加强对新兴体育资源、民族传统体育资源的挖掘与开发利用,并将体育课程人力资源充分利用起来,提高体育课程内容资源的开发利用效率。

学校开发新的体育课程资源,引进新兴体育项目,要对学校教学环境与条件(教学经费、硬件设置、师资力量等)、学生实际情况(身心发展特征、认知心理、运动基础、体育兴趣等)加以考虑，从实际出发开发或引进一些能够吸引学生兴趣、提高学生参与积极性的休闲、刺激类体育运动项目或具有挑战性的集体项目。同时可结合地区优势与特色资源引进一些民族气息浓厚、乡土文化内涵丰富、贴近大自然以及便于操作的内容，使学生在参与这些项目的过程中充分展示自己的本性，回归自然。

### (三)发挥隐性体育教学内容的作用

隐性体育教学内容是一些无形的教学内容，如与学生生理性、心理性及社会性发展密切相关的体育道德、体育精神、体育作风等，这些都是体育课程教学内容的重要组成部分。在体育课程教学中开发利用隐性教学内容，会对学生产生潜移默化的影响，有助于培养学生的社会道德、集体主义精神、纪律观念及意志品质，有助于学生体育文化素养的提升。

### (四)突显体育教学内容的健康主题

在体育课程教学内容改革中，要注重对传统教学内容结构的优化改革，使教学内容不再单一枯燥，只有丰富多彩的教学内容才能使学生产生兴趣，使学生乐于学习，在学习中达到强身健体、愉悦身心的效果。学校要多挖掘与开发利用健康价值突出、健康教育因素丰富的教学内容，将体育教育与健康教育充分结合起来，发挥体育的健康价值，提高学生的健康水平。此外，对增强学生体质、培养学生运动能力、弘扬民族传统文化、提升学生综合素质有益的教学内容资源都应该作为优先开发利用的对象，而对于那些单调枯燥、复杂、难度大及学生排斥的教学内容，要适当进行改革与删减，深入挖掘教学内容资源中的健康元素、娱乐元素、时代元素，构建具有特色的新课程内容体系。

# 第四章 体育课程教学方法与模式的体系构建与优化创新

体育课程教学体系复杂而又丰富,要想构建一个科学、完善的体育课程教学体系,要从整体上把握体育教学的每一个环节或要素。在整个体育教学中,体育教学方法与体育教学模式扮演着十分重要的角色,它们是体育教学质量提高的重要保障。良好的教学方法与合理的教学模式对于教师组织与管理教学活动,提高教学质量具有非常重要的意义。

## 第一节 体育课程教学方法与模式概述

### 一、体育课程教学方法概述

(一)体育教学方法的概念

体育教学方法是指在一定的体育教学思想指导下的教学方式、方法以及组织形式等的总和。[1]

体育教学方法对于教学质量的提高具有重要的意义,因此作为一名体育教师一定要结合学生的特点及教学实际设计出合理有效的教学方法。一个科学、合理的教学方法通常应具备以下几

---

[1] 龚正伟. 体育教学论[M]. 北京:北京体育大学出版社,2008.

个要素。

(1)目标要素:教学方法必须要有一个指向的教育目标,方法和手段为目标服务。

(2)环境要素:不同的体育教学方法具有不同的使用条件与环境,同时对体育教学设施也有不同的要求。

(3)语言要素:口头语言或身体语言。

(4)动作要素:学习参加体育教学活动必须要掌握基本的技术动作。

(二)体育教学方法的内涵

体育课程与其他课程有着一定的区别,因此体育教学方法也呈现出一定的独特性,有其自身独特的内涵。体育教学中的实践活动居多,因此体育教学方法中就包含着众多的动作行为。总之,体育教学方法主要有以下四个方面的内涵。

1. 体育教学方法是"教"与"学"的统一

体育教学方法在整个体育教学过程中扮演着十分重要的角色,它是体育教师进行教学的重要工具,属于教师"教"与学生"学"的统一,只有师生相互合作共同发挥体育教学方法的价值,才能实现体育教学的效果。一切体育教学方法的选择与设计都要围绕学生进行,这样才有利于教学目标的实现。因此说,"教"和"学"贯穿于体育教学方法的始终。

2. 体育教学方法是师生动作和行为的总和

体育教学中少不了师生的各种互动,体育教学目标正是在这种师生互动中实现的。与其他学科的教学方法不同,体育教学更加注重动作要素,强调动作的重要性。通过教师的示范和讲解,学生进行动作的练习,因此说体育教学方法是师生动作和行为的总和。

### 3. 体育教学方法和教学目标相统一

体育教学方法的选择具有一定的目标性特征,如果脱离了具体的目标,体育教学方法就显得无所适从,其作用就得不到良好的发挥。因此,在整个体育教学中,体育教学方法与体育教学目标应该是统一的,体育教学方法的选择要有利于教学目标的实现。总之,二者是不可分割的,相互联系在一起的,如果割裂开来,就不利于教学目标的实现。

### 4. 体育教学方法功能的多样性

体育教学的主要目标是促进学生身体素质发展,提高学生运动能力,促进学生全面素质的发展。学生的全面素质主要包括身体、心理、运动能力、社会适应性等几个方面,这几个方面素质的提高都需要合理适当的教学方法做指导。

通过多年来的实践,目前体育教学方法已初步形成了一个相对完善的体系。在这一体系中,不同的教学方法具有不同的功能,呈现出功能的多样性。在具体的体育教学实践中,体育教师应结合学生的特点和教学实际合理选择教学方法。教学方法具有功能的多样性,因此在选择的时候具有较大的余地。

综上所述,体育教学方法的特点非常鲜明,体育教师在选择教学方法时要综合考虑。

## (三)体育教学方法的特点

### 1. 双边互动性特点

体育教学活动的主体是教师和学生,没有了教师和学生,体育教学活动也便无法开展。只有师生的双边互动才能推动体育教学的发展。在体育教学中,只有师生加强彼此间的沟通与交流,才能确保体育教学方法应用的有效性,正是在师生互动中体育教学方法才能得到最大程度的利用。

## 2. 多感官参与性特点

与其他教学课程不同，体育教学包含着动作教学的内容，学生所做的技术动作，需要多种感官的参与才能完成，因此，体育教学方法也就呈现出多感官参与性的特点。在具体的教学实践中，体育教师应选择合适的教学方法充分调动学生的各种器官，从而帮助学生学习和掌握运动技能。除此之外，体育教师还要帮助学生加强对重点技术动作的控制，还要积极引导学生认真学习，积极思考，注重动作技术的调节和控制，帮助学生全面提升身体素质和运动能力。

## 3. 时空功效性特点

体育教学系统的内容非常复杂，每一个阶段都有不同的教学内容，并且呈现出不同的特点。作为一名合格的体育教师，一定要结合不同的教学阶段选择合适的教学方法，这样才能提高教学的效果。由此可见，体育教学方法呈现出明显的时空功效性特点。

在教学初始阶段，体育教师主要在分析学生运动水平的基础上对学生进行必要的指导。而随着教学过程的进行，学生的运动能力也越来越高，知识体系也越来越完善。在教学结束阶段，体育教师要针对不同的学生进行归纳与总结，为下一步教学做好准备。由此可见，在不同的教学阶段，体育教师要选择不同的教学方法进行教学，这呈现出体育教学方法的时空功效性特点。

## 4. 继承发展性特点

体育教学方法并不是一时一日而成的，体育教学方法的形成需要一个长久的过程，需要经过反复不断的积累和创新才能形成。目前，各种各样的教学方法如雨后春笋般涌现出来，对于提高现代体育教学质量起到了非常重要的作用。随着体育教学的不断发展，体育教学方法也随之改善和创新，这充分体现出体育

## 第四章 体育课程教学方法与模式的体系构建与优化创新

教学方法的继承发展性特点。

5. 实践操作性特点

体育教学方法具有很强的实践操作性特点,这一特点在体育教学中是显而易见的。在具体的体育教学过程中,体育教学方法的运用必须要与体育教学实践联系在一起,否则就失去了意义。体育教学一般包括两个部分:理论教学与实践教学,无论哪一方面的教学都离不开一定的教学方法。

在具体的实践教学中,学生通过各种教学方法的利用能获得不同的运动感受,能进一步提升自己的运动水平。体育教师在选择体育教学方法时,一定要结合体育教学的实践操作性特征。只有这样才能帮助学生更好地学习和掌握运动技能。

(四)常用的体育教学方法

1. 语言教学法

(1)讲解教学法。

讲解教学法,是指教师通过语言讲解,帮助学生学习和理解某一项运动的知识、技能、竞技规律等的教学方法。这一教学方法在体育理论课教学与实践课教学中都比较常用。

在具体的体育教学实践中,讲解法主要应用于技术动作与战术配合的教学。体育教师在运用讲解法时应注意以下几个方面的要求。

第一,讲解的目的要明确。不能漫无目的地讲解,抓不住重点的讲解会导致学生学习效率低下。

第二,讲解的内容要正确。不论是体育理论知识还是运动技术动作描述都要准确无误。

第三,讲解要生动形象。具体是指教师要充分利用生动形象的语言帮助学生深刻理解与掌握技术动作。

第四,讲解要有启发性。教师要善于运用对比、类比、提问等方式启发学生的思维,动员学生的各种感官,以提高学习效果。

第五,讲解内容应有一定的关联。体育教师在讲解的过程中要注意教学内容之间的关系,要注重启发学生的发散性思维,使学生做到触类旁通、举一反三。

第六,注意讲解时机与效果。具体而言,在学生注意力集中时讲解,在学生状态不佳的情况下尽量少讲解或不讲解。

第七,讲解深入浅出,便于大多数学生理解。

(2)口头评价法。

口头评价也是一种重要的语言教学法,主要用于体育实践课教学之中,主要是对学生完成技术动作的情况给予一定的口头评价。常用的口头评价主要有以下两种。

第一,积极性口头评价。以积极性的语言对学生的学习给予表扬,这样能有效激发学生学习的积极性,提高学生学习的质量。

第二,消极性口头评价。指出学生的不足,提出改善的对策,这种评价一定要注意语气,否则会打击部分学生的自信心。

(3)口令指示法。

在体育教学实践中,需要借助简短有力的语言提醒、指导学生进行相应的体育技术动作的学练,这就是口令指示法在体育教学中的运用,如队列练习中的"立正""跑";足球战术教学中的"堵截""插上"等;武术教学中的"腕点""提膝"等都属于口令指示法。

## 2. 直观教学法

直观教学法,是指通过刺激学生不同感官,来引起相应的感知,从而加深学生认知的教学方法。当前教学背景下,常用的直观教学法有以下几种。

(1)示范法。

示范法是指教师在体育教学中以自身的动作作为技术动作教学的范例,来对学生训练进行指导的教学方法。体育教师在运用示范法教学时应注意以下几点要求。

第一,示范的目的要明确。在进行教学示范的过程中要注意

## 第四章 体育课程教学方法与模式的体系构建与优化创新

重点与难点,且结合学生的个人水平选择不同的示范方法。将示范的重点放在关键技术上。

第二,示范动作要正确而熟练。教师可自己示范或者指定学生示范,所示范的动作都要准确、优美和熟练。

第三,示范要有效,便于学生观察,这样才能保证学生学习技术动作的准确性。

第四,示范、讲解与启发学生思维相结合。通过示范、讲解,能充分发散学生的思维,提高学生感官对体育信息的接受能力,从而提高学习的效果。

(2)直观教具与模型演示法。

在体育教学中,通过图表、照片和模型等辅助工具的利用,学生能更加直观和形象地理解技术结构和动作形象。直观教具和模型多用于体育技术动作教学实践中。

(3)助力与阻力教学法。

助力与阻力教学法是指教师在体育教学过程中借助外力使学生通过触觉和肌肉的本体感觉体验正确的动作用力时机、用力大小、用力方向、动作时空特征等的教学方法。这一教学方法适用于高难动作的教学。

### 3. 完整教学法

完整教学法,是指完整地进行整个技术动作的教学的方法。具体是指,在动作教学中,从动作开始到结束完整地进行教学和练习。这一教学方法多用于简单的技术动作教学中。

利用完整体育教学法进行教学时需要注意以下事项。

(1)讲解要领后直接运用。体育教师通过对技术动作的分解讲解后,示范整个技术动作,让学生做模仿练习。

(2)高度强调动作重点。对于那些复杂的技术动作,教师应明确讲解和示范的重点,帮助学生把握技术动作的难点,提高练习的质量和效果。

(3)降低动作练习难度。其目的在于便于学生完整练习,建立正确动作定型后逐渐增加难度,再进行标准难度的完整训练。

4. 分解教学法

分解教学法,是指将完整的动作划分为几个部分,逐步使学生掌握完整的动作技术的方法。在利用分解教学法进行教学时需要注意以下事项。

(1)合理分解动作。体育教师在对体育技术进行分解的过程中,不能割裂技术环节之间的逻辑关系,要保证技术动作各环节的相对完整性。

(2)在分解技术的过程中,还要注意动作技术环节的关联。尤其是要注意相连的两个技术动作环节之间的关联,使上一个技术动作的学习为下一个技术动作环节奠定基础,并做好两个技术动作之间的衔接。

(3)技术分解,应以完整的技术概念为基础,否则就不能合理把握整个技术动作。

总之,在具体的教学实践中,要将完整教学法与分解教学法结合起来运用,这样才能提高教学的质量和效果。

5. 预防与纠错教学法

预防与纠错教学法是教师分析学生学习过程中可能出现的各种错误及其原因,预先采取有效的教学手段,及时、合理避免学生产生相关错误并及时纠正的教学方法。

预防与纠错法中的预防具有一定的超前性,纠错则具有鲜明的针对性,二者结合起来使用能有效提高教学的效果。

在运用预防与纠错法时需要注意以下事项。

(1)科学讲解原理、示范动作,强化概念:教师要注意通过加强讲解、示范、对比等强化正确的动作概念,促使学生形成正确的动作表象。

(2)信号提示:在学生练习技术动作时经常出现动作的地方,教师应充分利用听觉信号,口头信号、视觉信号等提示学生正确的发力时间、用力节奏、动作方向、动作幅度等。

(3)降低难度:通过降低动作难度来避免学生由于体能水平不高、紧张心理、认识不足等原因导致的动作错误。

(4)外力帮助:针对学生对用力部位、用力大小、用力方向、用力幅度不清楚出现的错误动作,教师可运用推、拉、托、顶、送、挡、拨等外力,帮助学生体会正确动作的本体感觉以纠正错误。

(5)注意纠错语气、用词、方式方法的运用,不要打击学生学习的积极性。

(6)培养学生的思维能力,引导学生发现问题并解决问题的能力。

(7)纠错后,重视学生的技战术的改进方法指导。

6. 程序教学法

根据认知规律、技能形成与发展规律。在体育运动教学中,将体育教学内容分成若干个步骤,依次按照顺序来完成体育教学的方法即为程序教学法。

在体育教学实践中,运用程序教学法的科学运用应注意以下两点。

(1)教师应合理分解各种教学程序,逐步有序开展教学。

(2)教师应重视各个教学阶段中学生的学习反馈,使学生科学、有序完成整个体育学习。

7. 发现式教学法

发现式教学法,是一种有组织、分步实施的,通过积极引导学生进行创造性思维,结合发现的步骤,以解决问题为中心和目的一种教学方法。

发现式教学方法的教学步骤具体为提出问题→练习尝试→分组讨论→解决问题。

在运用发现式教学法时需要注意以下事项。

(1)教师要善于提出相应的问题和创设相应的情景。

(2)教师提出的问题应适应学生的能力水平。

(3)科学设计教学过程。
(4)营造良好教学气氛,充分调动和激发学生的积极性。
(5)分步骤教学抓住重点。
(6)重视关键体育教学环境的教师关键性引导。

8. 探究教学法

探究教学法是体育教师在体育教学过程中引导学生发现问题、分析问题,最终解决问题,使学生在积极探索、研究的过程中获得知识和掌握技能的教学方法。

运用探究教学法时需要注意以下事项。

(1)重视探究的条件开发与创作。具体来说,应要求学生在教学课开始前进行预习、调查、发现、分析与探索,教师在课堂上应给予学生探究、交流的时间机会。

(2)探究教学过程中教师应加强教学引导,引导学生发现问题,但不能代替学生探究。

(3)不能为探究而探究,探究要讲究实效,避免形式化、绝对化、片面化。[①]

9. 案例教学法

案例教学法是指教师在教学中通过列举具体的案例帮助学生更清晰、更深刻地认识教学内容的教学方法。案例教学法是指通过典型案例的讲解分析与实践练习,让学生掌握技战术的适用情况、应用目的、应用效果。

案例教学法在体育教学中的科学应用要求如下所述。

(1)按照教学大纲的要求,如有针对性地选择运动比赛中比较精彩的典型案例作为教材内容。

(2)深入分析教学案例,帮助学生建立正确的概念。

(3)充分调动学生学习的积极性,活跃课堂气氛,完成教学任务。

---

① 刚红光."探究式教学法"体育教学中的应用[J].现代企业教育,2011(22).

## 第四章 体育课程教学方法与模式的体系构建与优化创新

### 10. 游戏教学法

游戏教学法是指教师利用组织游戏的方法使学生完成预定教学任务的教学方法。这种教学法的应用比较广泛,能很好激发学生学习的积极性。

运用游戏教学法时需要注意以下事项。

(1)游戏选择应遵循体育教学的本质,游戏规则与要求应合理。

(2)游戏不能脱离教学本质,不能单纯为了游戏而组织游戏,游戏应与教学内容相关。

(3)在组织的游戏中,应制定相应的规则与要求。

(4)教师应要求全体学生遵守游戏规则,在此基础上鼓励学生创造创新。

(5)教师应做好游戏评判工作,公开、公平、公正地评价学生在游戏中的表现。

(6)注意游戏负荷控制,避免学生过度疲劳。

(7)游戏过程中,重视学生的安全教育。

### 11. 竞赛教学法

竞赛教学法是指教师在组织教学活动时,创造比赛的条件来组织学生进行练习的教学方法。竞赛教学法有利于最大限度地促进学生机体功能能力的发挥、有利于培养学生不畏艰难、积极向上、敢于拼搏等良好的思想意志道德品质。在体育教学中,教师运用竞赛教学法应注意以下几个方面。

(1)明确竞赛教学的目的,确定目标。

(2)合理分组。体育竞赛的分组应合理,各对抗队的实力应相当。

(3)教师应结合竞赛规则和技术动作标准等,对教学质量予以客观的评判。

(4)竞赛教学法对学生的体育技能水平要求较高,应在学生熟练掌握技术后开展。

（5）竞赛结束后，体育教师要对学生的整体表现给予客观的评价，并指出学生应该改进的方向。

（6）竞赛过程中要注意安全，加强学生安全意识教育。

## 二、体育课程教学模式概述

### （一）体育教学模式的概念

目前，体育教学模式的概念尚未有一个统一的定论，不同的学者与专家都提出了自己的见解和看法，其中下面几种是比较具有代表性的观点。

（1）杨楠认为，体育教学模式是"体现某种教学思想或规律的体育活动的策略和方式，它包括相对稳定的教学群体和教材、相对独特的教学过程和相应的教学方法体系"。[1]

（2）李杰凯认为，体育教学模式"是蕴含特定的教学思想，针对特定的教学目标，在特定教学环境下实现其特定功能的有效教学活动与框架，是以简洁形式表达的体育教学思想理论和教学组织策略，是联系体育理论与体育教学实践的纽带"[2]。

（3）樊临虎认为，"体育教学模式是指在一定的教学思想或理论指导下，设计和组织体育教学而在实践中建立起来的各种类型体育教学活动的范型，它以简化的形式稳定地表现出来。"[3]

（4）毛振明认为，体育教学模式是"按照一定的体育教学理论或教学思想设计，具有相应结构和功能的体育教学理论或教学活动模型"。[4]

综合以上几位专家的观点，本书将体育教学模式的概念界定

---

[1] 龚坚. 现代体育教学论[M]. 重庆：西南师范大学出版社，2009.
[2] 同上.
[3] 同上.
[4] 同上.

为"体育教学思想特定，用以完成体育教学单元目标而实施的稳定性较好的教学程序就是所谓的体育教学模式"。

(二)体育教学模式的特征

1. 整体性特征

体育教学模式的整体性特征主要表现在它不仅要明确规定教学活动中教学主体与教学客体等因素的地位与作用，而且还要对影响体育教学活动的各项因素加以详细的说明。体育教学模式的这一整体性特征要求人们要客观准确地认识体育教学模式，充分考虑教师教学经验、学生特点、运动能力等各方面的因素，分析这些因素对体育教学的影响，从而使教学模式成为系统的教学程序。总体而言，这些要素的有机组合就体现出体育教学模式的整体性特征。

2. 针对性特征

在不同的教学环境下，教学模式各有特点，存在着一定的区别。因此，体育教学模式有其特定的使用范围，呈现出一定的针对性特征。例如，情景教学模式大多针对的是学习水平较差的学生；快乐体育教学模式适用于简单技术动作教学等。要记住没有万能的体育教学模式，要综合起来运用。

3. 优效性特征

体育教学模式是建立在一定的理论基础之上的，否则就难以获得健康发展。另外，体育教学模式的发展还要结合实践进行，只有理论与实践结合，以理论指导实践，以实践检验理论，才能检验体育教学模式的科学性和合理性。因此，在现代教育背景下，促进体育教学模式的发展要从理论与实践两个方面的优化，实现教学模式整体的优化。因此说，优效性是体育教学模式的特点之一。

4. 简洁概括性特征

体育教学模式还具有一定的简洁性特征。在体育教学过程中,体育教师运用各种教学模式能体现出自己的教学思想,也能通过简单的环节呈现出一定的教学程序,因此,体育教学模式呈现出显著的简洁性特征。这突出表现在以下几个方面:第一,在表现形式上,用较少的符号或图表就能描绘出大体的体育教学模式;第二,在表现内容上,体育教学活动相关理论或实践要进行一定的精简;第三,在表现种类上,要明确各类教学模式的目标,避免产生混淆。

(三)常见的几种体育教学模式

1. 传统运动技能教学模式

(1)概念。

在很长的一段时间里,传统教学模式始终占据着主导地位。在传统的教学模式下,主要强调学生对事物的认识以及学生运动技能的形成两个方面,在某个时期,这一教学模式起到了一定的作用,具有积极的意义。

(2)指导思想。

传统运动技能教学模式的指导思想就是学习运动技术,掌握运动技能。在这一指导思想下,学生运动技能的学习和提高受到高度重视。

(3)优点和缺点。

①优点。

肯定了教师教学的主导地位,整个教学程序有序、合理,有利于学生掌握和提高技术动作水平。

②缺点。

教学方式过于单一;教学方法比较单调,趣味性较差;不能很好地培养学生的创新意识和能力。

### 2. 小群体体育教学模式

(1)概念。

小群体教学模式,是指在教学活动中把学生分成若干个学习小组,在教师的带领和指导下,同组学生与学生之间、小集团与小集团之间通过互帮互助,增强学生学习的主动性和积极性,从而提高教学效率的一种教学模式。小群体体育教学模式取得了巨大的成功,极大地促进了体育教学的发展。[1]

(2)指导思想。

①培养学生良好的意志品质。

②培养学生团结互助的意识,提高学生的竞争力。

③激发学生学习的兴趣。

④培养学生公平竞争的精神,增强社会适应能力。

(3)优点和缺点。

①优点。

第一,重视小群体教学的团结性,能有效激发学生学习的动力,建立主动学习的意识和习惯。

第二,能有效提高学生的团结合作能力。

第三,能有效培养和提高学生的竞争意识。

②缺点。

在社会适应能力的培养方面花费时间较长,运动实践时间不足,不利于学生学习能力的培养和提高。

### 3. 快乐式体育教学模式

(1)概念。

快乐体育的主要内涵是让学生在参与体育运动的过程中体会到不同的乐趣,充分认识体育的本质和内涵,能积极主动地参与体育运动锻炼。在快乐体育教学模式下,学生在增强身体素质的同时,还能体会到运动的快乐和乐趣,养成终身体育的意识和习惯。

---

[1] 邵伟德. 体育教学模式论[M]. 北京:北京体育大学出版社,2005.

(2)指导思想。

①改造现有的教学条件和教学环境。

②既要重视整体教学思路,还要重视单元设计。

③采取各种措施和手段营造良好的教学气氛,激发学生学习的动力。

(3)优点和缺点。

①优点。

注重感情因素和情感体验的发展,能有效改变体育教学的发展现状,能有效提高学生学习的积极性和兴趣,提高教学效果。

②缺点。

学习内容较为单一,学生很难保持长久的学习兴趣,在教学中,体育教师需要不断改变教学方法和教学形式,以保证学生保持学习的积极性。

4. 发现式体育教学模式

(1)概念。

发现式体育教学模式是指学生通过教师的引领和指导,能够独立发现问题、分析问题和解决问题,从而掌握一些相关的原理和结论的一种教学模式。这一教学模式非常注重学生的教学过程、直觉思维以及学习动机。

(2)指导思想。

①提高学生学习的效率。

②坚持以学生为中心、为主体的指导思想。

③善于激发学生参与运动锻炼的积极性。

④培养学生思维,开发学生智力。

⑤让学生主动去探索问题的答案。

⑥设置良好的教学情境,激发学生学习的热情。

(3)优点和缺点。

①优点。

有利于学生智力水平的开发和提高,能有效调动学生学习的

## 第四章 体育课程教学方法与模式的体系构建与优化创新

兴趣,提高学习效率。

②缺点。

第一,在这一教学模式下,问题的提出、讨论与解决问题会耗费大量的时间,不利于学生的实践。

第二,这一教学模式下,无法在短时间内与其他教学模式进行比较,因此也就无法根据反馈的信息做出及时调整。

### 5. 成功式体育教学模式

(1)概念。

所谓的成功体育教学模式,是指通过各种手段的运用,使每一个学生树立个体目标,并且通过自身努力达到预期效果,使其获得成功感,促进学生身心发展的一种教学模式。

(2)指导思想。

①为学生创造良好的学习氛围和环境。

②重视体育运动学习与锻炼的效果。

③强调相对评价与绝对评价的结合。

④强调竞争作用与协同作用的发挥。

⑤鼓励学生积极体验运动的成功,帮助学生养成胜不骄败不馁的心态。

(3)优点和缺点。

①优点。

第一,重视教师的奖励性作用,这有利于学生认识自己,树立学习体育运动的自信心。

第二,主张激励性评价,其标准是个体参照标准,就是在技能上以学生的自我纵向比较,在情感上以学生自我的心理体验进行评价,可操作性余地较大。

②缺点。

第一,教学组织工作难度非常大。

第二,这一教学模式并不适合所有学生,设置的教学目标不利于所有学生达成。

# 第二节 体育课程教学方法体系构建

## 一、体育教学方法的选择

### (一)体育教学方法选择的依据

随着学校教育的不断发展,体育教学方法逐渐形成了一个完善的体系。而随着新技术的利用,又会涌现出新的教学方法。在这样的形势下,如何选择体育教学方法就成为一个体育教师要结合具体的教学实际和学生特点合理选择教学方法。

**1. 以体育教学的具体目标与任务为依据**

在选择教学方法时首先要考虑具体的教学目标和任务,所选择的体育教学方法要具有一定的针对性。针对不同的教学目标选择合适的教学方法。体育教师要掌握教学目标的分类方法,依据不同的目标选择适当的体育教学方法。

**2. 以教材内容的性质和特点为依据**

体育教材内容的性质和特点也是选择体育教学方法的重要依据,不同的教学内容要选择与之适应的教学方法。例如,跑步、跳高、掷标枪等项目适合选择完整教学法;游泳、滑冰则适合运用分解教学法等。

**3. 以学生的实际情况为依据**

学生是体育教学活动的主体,现代体育教学主张要"以人为本",要根据学生的实际情况选择合适的体育教学方法,这里的实际情况主要是指学生的身心特点、基础能力、体育态度等多个

## 第四章 体育课程教学方法与模式的体系构建与优化创新

方面。

**4. 以教师自身的素质为依据**

体育教师在体育教学中起着重要的指导作用。因此,体育教师自身的教学能力和综合素质就显得尤为重要。一般来说,体育教师的综合素质主要包括知识结构、思维品质、个性特长、运动能力、组织与管理能力等多个方面。对于体育教师而言,要根据自身素质合理选择相应的教学方法。例如,运动技能强、善于实践的体育教师,可以多采用示范教学方法;语言表达能力和形象思维能力强的体育教师,可以多采用语言法、讲解法;有的教师善于运用直观教具,可以选择直接感知为主的教学方法。

**5. 以体育教学方法各自独特的功能、适用范围以及使用条件等为依据**

每一个体育教学方法都有自身的优点和缺点,没有一种教学方法是万能的,因此体育教师在选择体育教学方法时要善于优化与组合,确保教学方法作用的充分发挥。在选择体育教学方法时,要深入细致地分析体育教学方法的功能、应用范围和条件,并结合学生的具体实际合理选择,不能盲目。

### (二)体育教学方法选择的过程

**1. 了解**

了解是选择体育教学方法的首要环节。了解的对象主要包括体育知识传授的方法、动作技能形成的方法、学生体能锻炼的方法等。只有了解了这些方面,才能确定教学方法的适用范围、实施步骤等。

**2. 分析**

所有体育教学方法都有自己的特征,而且与其他教学方法相比,也有一定的优势及相对的不足,没有哪一种方法是完全没有缺陷的,也没有哪一种方法是在任何教学内容的实施中都适用且可以发挥重要作用的,也就是说万能的教学方法是不存在的。这就要求体育教师全面分析各种方法,结合教学目标、环境、条件、需求、内容等要素做出合理的、与现实条件、实际需求相符的选择。

3. 比较

在体育教学中,能够实现教学目标的教学方法会有很多种,但具体要采用哪种方法来实施教学,就需要体育教师对比这些备选对象了。经过对比之后,筛选出那些可以取得事半功倍效果的方法。

4. 选择

经过一定的了解、分析及比较后,选择最理想的一种教学方法,或将认为合适的几种方法组合起来运用。

## 二、体育教学方法的优化与组合

（一）体育教学方法优化组合的原则

1. 最优性原则

不同的教学方法在特点、功能和应用范围方面都存在着一定的差异,同时也有一定的优缺点。因此,对教学方法进行优化与组合非常重要,通过一定的组合能形成不同体系的教学方法,这样教师就可以根据实际情况选择合适的教学方法。在组合教学方法的过程中,应从整体入手,贯彻最优性原则,充分发挥各教学方法的功能,实现优化组合的效果。

2. 统一性原则

统一性原则要求教师在选择相应的教学方法时,应注重"教"

## 第四章 体育课程教学方法与模式的体系构建与优化创新

与"学"的统一,促进教学相长。不能忽视其中任何一方面,否则就难以取得理想的效果。另外,贯彻统一性原则还要求充分发挥教学方法的多种功能,促进学生素质的全面发展。

3. 创造性和灵活性原则

体育教学方法的选择还要注意教师和学生创造性、能动性的发挥,体育教师要结合教学实际积极改进和创新教学方法,这样才能实现教学方法功能的最大化,获得良好的教学效果。总得来说,体育教学方法的创新要贯穿整个教学过程,与当前的教学水平相适应。作为一名体育教师,在体育教学过程中要学会灵活应变,根据实际教学情况,灵活、创造性地运用教学方法,实现教学效果。

4. 启发性原则

有效的体育教学方法应该能充分调动学生学习的积极性和自觉性,促进学生全面素质的发展和提高。在体育教学活动中,要十分注重学生兴趣和动机的培养,提高其自觉学习的意识,培养良好的学习习惯。

(二)体育教学方法优化组合的程序

1. 明确教学任务

明确教学任务是体育教学方法优化与组合首要考虑的因素,教学任务主要包括知识教学、技能教学、学生个性培养、学生学习能力培养等。作为一名体育教师必须意识到,体育教学的任务不仅是让学生掌握运动知识与技能,还有其他方面的重要任务。

2. 提出设想

在上体育课前,教师要提出明确的任务,同时还要确定本节课所要采用的教学方法。教学方法的选用要以本节课的教学任务、教材内容、学生情况等为主要依据。之后分析这些教学方法会实现什么样的效果。为提高教学效果,体育教师可以多采用启发式的教学方法,这对于教学质量的提高和学生的发展很有帮助。

3. 优化组合教学方法

(1)体育教师先将最佳教学方法的选择工作表做好,表中的内容主要是本节课可用的体育教学方法、每个方法的使用方式和技巧等。

(2)在组合教学方法的过程中,要做到综合比较、仔细推敲、去粗取精,最终确定合适的教学方法。

(3)将优化与组合后的教学方法应用于教学实践。

4. 实施和评价教学方法

在具体的实践过程中,体育教师要注意观察所选用的教学方法与学生的适应关系,并在课后总结应用情况,分析成败原因,从而为下一次教学提供重要的参考。

## 第三节 体育课程教学模式体系构建

### 一、体育教学模式构建的步骤

构建体育教学模式要遵循一定的步骤,要充分考虑体育教学的独特性,结合具体的教学实际,按部就班地进行设计。体育教学模式的基本步骤如下所述。

#### (一)确立指导思想

确立指导思想是体育教学模式构建的第一步。很长一段时间以来,我国一直都以"健康第一"作为教学指导思想。而随着时代的不断发展以及体育教育的革新,也出现了其他方面的教学指

## 第四章 体育课程教学方法与模式的体系构建与优化创新

导思想,如"以人为本""终身体育"等,这些教学思想已被实践证明是科学有效的,因此,在这些教学思想的指导下设计体育教学模式有利于教学效果的实现。

### (二)明确目标内涵

在体育课程改革中,教学目标的设置非常重要,因为"目标引领内容",只有在目标的指导下才能确定合适的教学内容。新课程教学模式下,主要是三级目标体系,分别为课程总目标、学习目标和水平目标。在构建体育教学模式的过程中,要进一步明确这一目标体系的内涵,提高体育教学模式的可操作性,使之与教学目标更相符。

### (三)分析教学情境

在体育教学中,教学情境是随着体育教学资源的不断丰富而趋于完善的,而体育教学的有效性也会随着教学情境的日益完善而不断提高。总体来看,我国各学校的体育教学情境存在着较大的差异性,其原因在于我国地域辽阔、季节气候多样、地区教育发展水平存在较大差距。面对这一情况,我们在构建体育教学模式时必须要具体问题具体分析。一方面,考虑学生的主体条件,如年龄特征、运动基础、学习需求等;另一方面,考虑教学的客观条件,如体育场馆设施、教学师资、校园体育文化等。只有综合各方面的因素才能构建出科学的体育教学模式。

### (四)选择教学内容

在体育教学中,教学目标的实现离不开体育教学内容这一重要载体,为了有效促进体育教学目标的顺利达成,必须注重对体育教学内容的恰当选编,选编中主要注意以下两方面。

一方面,体育教学内容具有非常广泛的选择性,学生可以根据自己的爱好和需求进行选择。

另一方面,体育教学内容具有一定的可替代性,这在一定程度上扩展了体育教学活动的实施空间,具体的教学情境成为重要的教学内容选择的依据。

总之,体育教师在选择教学内容时,要为学生的全面健康和未来有效发展而服务,充分考虑健身性、趣味性等几个指标,创建良好的体育教学模式。

(五)创设运作程序

创设运作程序是构建体育教学模式的最具实践性的一个重要环节。这一工作对于促进体育教学效果的强化、体育教学效益的优化都具有非常重要的意义。这一环节的工作内容主要包括安排教学顺序、选用教学方法、设计教学手段、组织课堂教学等。只有做好以上几个方面的工作才能设计出理想的教学模式。

## 二、体育教学模式构建的原则

(一)统一性与多样性并存的原则

在体育教学模式的构建中要遵循统一性与多样性并存的基本原则,统一性是在继承体育教学思想和成功经验的基础上进行设计的。多样性则是指在构建体育教学模式时应尽量实现多样化,避免单一化与程式化的不足。

(二)教学目标、内容、结构与功能相统一的原则

在构建体育教学模式的过程中要处理好体育教学活动中形式与内容、结构与功能等方面的关键问题。因此,体育教师应该对各类体育教学课堂结构和形式的功能与作用进行全面分析,并以教学目标和条件为根据对教学模式作出比较合理的选择。

(三)借鉴和创新相统一的原则

借鉴与创新也是构建体育教学模式所要遵循的基本原则。

第四章　体育课程教学方法与模式的体系构建与优化创新

借鉴包括两方面的内容,一方面要借鉴国外的先进教学模式理论;另一方面要借鉴国内的先进教学模式理论与成功教学经验。

在全球一体化背景下,国家之间的联系日益密切。不对国外先进教学模式理论加以借鉴或借鉴之后缺乏创新都是固步自封的落后表现。因此,要有机结合创新与借鉴,这样才能运用成功的经验,吸取失败的教训,不走或少走弯路。具体来说,统一借鉴与创新,就是要以正确的体育教学思想为指导,革新原有的、落后的体育教学模式,借鉴前人和他人的成功经验和理论,创设出符合自身教学特点和实际的教学模式。

## 第四节　体育课程教学方法与模式的优化创新

### 一、体育课程教学方法的创新

(一)合理编排体育教学方法

体育教学方法在体育教学活动中扮演着十分重要的角色,是教学活动顺利进行的重要保障。一般来说,体育课程内容直接决定了教学方法的类型,教学方法是教师和学生联系的重要线索,采取合理的教学方法对于提高教学效果具有重要的意义。

体育教学效果的取得,主要是看学生基本知识与技能的掌握情况如何,是否获得了进步。如果取得了一定的进步或者实现了预期的学习目标,那么这种教学方法就是有效的。教学方法的选择与实施会在很大程度上影响体育教学的效果,这是已被大量教学实践证明了的事实。在具体的教学实践中,只有教师与学生协调配合好,并采用合理的教学方法,才有利于取得理想的教学效果。

除此之外,教学方法的选择与运用还在一定程度上受教师自身教学水平、创新能力等方面的影响,教学方法的实施效果同时也受学生运动基础、接受水平等的影响。因此,要想实现教学方法实施效果必须要从教师与学生两方面展开分析,既要提升教师的教学素养与业务能力,也要提升学生对知识与技能的接受水平,从而实现"教学相长"。

(二)统整与筛选体育教学方法

学生在学校中接受体育教育对于其未来的发展具有重要的影响。可以说,一个人的性格、价值观等都是在学校教育中养成的。而在学校教育中,体育学科非常特殊,对学生具有重要的影响,这一影响主要表现在身体发展、心理素质提高、社会适应力以及人生观、价值观等诸多方面。因此,加强学校体育教育具有非常重要的意义。

在体育教育中,选择合理的教学方法非常重要,这影响到体育教育的效果。总体而言,体育教师选择教学方法的初衷在于提高教学效果,而在一定程度上忽略了学生的长远发展,很少从学生的未来发展考虑,这是需要进一步改进的地方。

因此,体育教师在选择与设计体育教学方法时要充分考虑学生的未来发展情况。结合教学实际情况多选用自主学习法、合作性教学法、探究性教学法等由多种手段组合而成的新式教学方法,加强这些方法的运用能够促进学生未来发展。但需要注意的是,这些教学方法的运用要严谨和适当,不能过于随意,否则就难以取得理想的教学效果。总之,选择教学方法的途径是多种多样的,对教学方法进行统整与筛选能快速有效地实现既定的教学目标。如果不加以精心筛选,就会走一些弯路,影响教学的效率。

(三)加强体育教学方法的优化与组合

体育教学的环节众多,其中每一个环节都具有相对独立性。体育教学方法就是如此,它是连接教师和学生的重要载体。体育教学方法要素与教学其他要素相协调,其应用体现出教学过程与教学结果的关联，对于教学效果的实现具有重要的影响。

大量的实践表明，要想实现体育教学的目标，就要对体育教学方法进行优化与组合。体育教学方法的优化与组合需要在一定的系统论指导下进行，要把教学过程看作一个"动态系统"，将其融入具体的教学情境之中。另外，要想实现体育教学方法优化与组合的目标和效果，可提高方法运用的"合力"，从而全盘考虑影响教学效果实现的因素，设计出合理有效的教学方法。

体育教学方法的优化与组合，能充分发挥出各个教学方法的作用，实现单个教学方法所没有的功效。体育教学方法的优化与组合在某种程度上而言可以说是一种创新，这一创新的教学方法能有效激发学生学习的积极性，提高学习的质量和效果。

在体育教学方法的优化与组合过程中，还要注意传统教学手段的加工与改造，如利用现代化的科技手段展示动作技术，帮助学生建立正确的动作表象，提高技术动作的形象性，激发学生学习的兴趣，培养学生学习的积极能动性，提高主动学习的意识。

## （四）不断扩展与改进体育教学方法

如何利用好教学方法并充分发挥其作用，是每个体育教师都要考虑的问题。大量的实践表明，体育教学方法的选择与运用与实际教学条件有着密切相关的关系，如场地器材、课程实施条件等都会影响教学方法的选择。每个学校的教学条件都是不同的，因此要根据学校的实际选择与调整教学方法。如果条件不允许，就要及时改进教学方法，使其与现有环境条件相符。因此，改进与扩展体育教学方法是非常有必要的，从某种意义上而言，这也是体育教学方法的创新。

至于体育教学方法的扩展，主要表现在教学方法的功能、应用范围等方面的扩展，这突出体现在教学组织形式方面。以教学分组为例，传统教学模式下主要是按学生人数分组，而随着体育教学的不断发展，各种教学组织形式大量涌现出来，按兴趣分组、按性格分组、按基础水平分组等都成为重要的分组方法，受到很多体育教师的认可。这种扩展式的体育教学方法对于教学效果的实现具有重要的意义和作用。

## 二、体育课程教学模式的创新

随着体育教学的不断发展,体育教学模式也在日益革新和完善。一个科学的体育教学模式,学生应可以自由选择喜欢的体育项目,可以独立自主地投入到学习之中,提高学习的效率。体育教学模式的改革与创新对于提高教学质量具有重要的作用。在体育教学模式的创新中需要注意以下几个方面。

### (一)丰富体育教学目标

大量的实践充分表明,只有明确了教学目标,教学活动才能有的放矢地顺利进行,学生也因此有了学习的动力,朝着目标不断地努力。体育教学模式有很多,相对应的,不同的教学模式下实现什么样的教学目标需要进行详细地分析。现代体育教学模式在一定程度上改变了传统的教学活动中片面强调智力因素,忽视非智力因素的状况,强调把人格教育、品德教育、情感教育等结合在一起,实现全面素质教育的目标。这样的教学模式,能培养学生良好的体育素养,帮助学生养成自觉参与体育锻炼的良好习惯,能为学生营造一个良好的学习氛围。

随着教学模式的不断完善,以往单一的教学评价方式已不能满足教学的需要,因此在教学模式不断丰富的同时还要建立一个多元化的评价标准。在评价的过程中要兼顾学生的个体差异和个体需求,在教学中积极引入健身性、娱乐性和时尚性等元素,激发学生学习的积极性,积极融入体育教学环境之中,激发学生学习兴趣,挖掘学生学习的潜力,从而提升教学质量和效果。

### (二)转变旧有的教育观念

在现代社会背景下,人们逐渐认识到身体健康的重要性。在

第四章　体育课程教学方法与模式的体系构建与优化创新

体育教学中,健康体育教学观也日益深入人心,体育教师要将现代健康体育观念等融入教学工作中,适当地调整教学模式。在合理的教学模式指导下,学生能有效提升自己的学习水平,为自身的身心健康发展奠定坚实基础。

传统的教学模式下,教师大多只重视终结评价,而忽略了学生学习中的实际表现和学习态度,这对一部分学生造成了打击。体育教学不仅仅是课堂技术教学,学生创新意识、综合体育能力的培养等也是非常重要的方面。

为提高体育教学的质量和效果,教师应摒弃传统体制、技能教育思想,充分发挥体育课缓解学生压力、放松身心以及娱乐性方面的优势对教学模式进行调整和改进,不应是完成必修课程就结束体育学习,而应将体育当作一种终生技能与习惯。这就需要教师在教育理念、教学方法、教育内容和教学评价等方面做出一定的改变,在丰富教学内容的基础上对学生身心发展的需求予以满足,为学生自我体育观念、终身体育意识等方面的培养提供更多支持。

受应试教育的影响,在平时的教学中,部分学生和教师对体育教学工作的重视较少。在现代教育背景下,应及时转变这一观念,而教学观念的转变也在一定程度上促进了教学模式的转变。在新的教学模式影响下,学生的学习意识和思想观念等都会发生积极的改变,体育教学质量会得到有效提高,当前体育教学模式正朝着更加科学健康的方向发展。

(三)强化体育教学设计

随着现代体育教育的不断发展,体育教学模式的实现条件也必将走向现代化。在现代体育教学模式下,学生能实现自主学习,同时主体地位也能得到彰显,如在体育教学中运用多媒体教学帮助学生建立正确的技术表象;健美操课运用多媒体技术培养学生的创编能力等。

在体育教学模式的运用过程中,应充分利用现代教学手段,结合学生的特点及实际水平,强化体育教学设计,这样才能取得理想的教学效果。在现代体育教学模式下,要改变学生被动学习专业技能的现象,学生在具体的教学实践中要提升自己的体育专业思想,建设交流平台,充分表达自己的想法,通过科学的体育教学模式的设计应能满足学生的这些需求。

（四）实现教学模式的多样化

发展到现在,体育教学模式越来越多,每一种教学模式都有其独特的教学思想和教学方法,同时每一种教学模式也有优缺点,为了提升体育教学质量,使学生掌握更多的体育知识与技能,体育教师应采取多元化的教学模式进行教学。

在设计体育教学模式的过程中,教师要注重理论与实践的结合,要从一般教学模式研究走向学科教学模式研究,再到课堂教学模式研究。针对不同的体育项目,教师可以根据项目特点、实际情况、学生接受能力等及时地调整教学模式与方法,吸取各种教学模式的优点,提高教学质量。

随着学校体育教学的发展,课堂教学模式的研究趋向精细化,包括学期教学模式、单元教学模式、课时教学模式。尤其是有关学校体育教学模式的理论与实践研究将会受到重视。对某几种教学方法进行联合使用,相互之间取长补短,充分发挥各类教学模式和方法的优势,弥补单一教学模式中的不足,为体育教学模式科学性的提升奠定基础。

# 第五章 体育课程教学设计与管理的优化发展

体育课程教学设计的好坏关乎体育教学质量的好坏,体育课程教学中的课堂教学流程设计与课程教学活动管理对于充分调动学生的体育学习积极性与主动性,有效传播体育教学内容、促进师生之间的良好互动都具有重要的影响,应该引起体育教师的重视。本章就重点对体育课程教学设计与管理方面的具体优化措施进行阐述分析,以为现阶段的体育课堂教学活动的顺利开展和教学效果优化提供理论指导。

## 第一节 体育课程教学设计与管理的基本知识

### 一、体育课程教学设计概述

(一)体育课程教学设计的概念

体育课程教学设计是一种对体育课程教学的未来预期和准备,具体来说,它是教学执行者(如教师)为提高教学质量在教学活动中采取的具体的教学活动方案。

体育课程教学设计者的教学设计必须符合体育教学特点、学生特点、教学环境和条件,合理规划师生活动,制定具有针对性的教学计划方案。[①]

(二)体育课程教学设计的特点

1. 超前性

体育课程教学设计是对未来教学活动的一种预想,并结合这种预想进行各种教学准备,以便在教学过程中合理把控各种教学问题。教师对这类教学问题应始终做到心中有数,即使出现一些意外,也有应急预案可以从容应对。体育课程教学设计能使教师的教学准备更加充分,教学中做到无后顾之忧。

因此,从本质上来说,教学设计是一种设想和预测,是对未来体育课程教学的过程、可能产生的问题分析,具有超前性。

2. 差异性

如前所述,体育课程教学设计具有超前性,而体育教学过程则具有开放性特点,可能受到各种内部与外部、主观与客观因素的影响。因此,体育课程教学设计者很难在体育课程教学设计中将未来体育课程教学的各种活动细节都考虑到且设计准确,教学设计难免会产生偏差,这种提前的教学预想与教学实践的差异性是不可避免的。

3. 创造性

体育课程教学设计是一个创造性的过程,这种创造性体现在对未来体育课程教学中可能出现的问题提出解决方案。

就体育教师而言,不同的体育教师的教学经验不同、教学风格与特点不同、教授的体育运动项目不同、面向学生群体和个体不同,由此所面临的体育教学问题不同,也会有各种不同的解决

---

① 杨雪芹,刘定一. 体育教学设计[M]. 桂林:广西师范大学出版社,2008.

第五章　体育课程教学设计与管理的优化发展

方案,针对教学问题的解决方案的拟定以及对于教学过程中各种教学活动的安排是一种主观性的、创造性的过程。

## 二、体育课程教学管理概述

(一)体育课程教学管理的概念

体育课程教学管理,具体是指管理个人或组织对体育系统的人、财、物、信息、时间等要素进行计划、组织、调控的过程。[①]

现代体育课程教学中,通常所说的体育课程教学管理是一次体育教学课的课堂教学管理,体育教师是最主要的教学管理者,学生则是被管理者。

管理者与被管理者是相对的,就整个学校的体育教学管理来说,学校体育教学领导是管理者,体育教师就是被管理者;课堂上体育教师为班干部、学习小组组长安排组织管理任务,则这部分学生既是管理者又是被管理者。

(二)学校体育教学管理系统

体育课程教学管理是学校体育教学管理系统的一个子系统,是学校体育教学管理的重要组成部分。

体育课程教学管理,主要是对教学内容、教学方法、教学评价、教学设计等体育课程教学体系要素的管理。

学校体育教学管理,是对包括体育课程教学、体育运动训练的活动管理,以及学校各体育教学部门与相关部门之间的管理,学校是一个管理系统整体(图5-1)。

---

[①] 秦椿林,袁旦. 体育管理学[M]. 北京:北京体育大学出版社,1995.

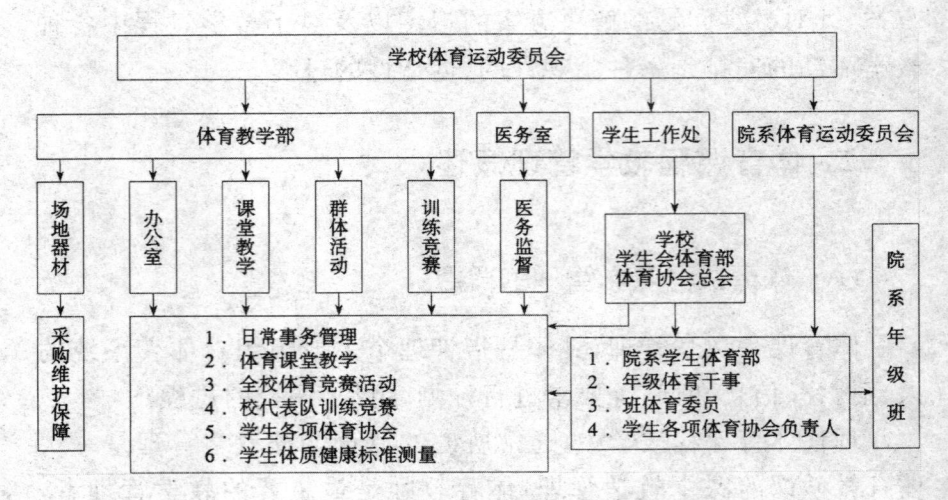

图 5-1 学校体育教学管理系统

# 第二节 体育教学过程的设计与计划

## 一、体育教学过程概述

（一）体育教学过程的概念

教学过程，是教师根据教学目标、教学环境、教学任务等客观依据，指导学生有目的、有计划地掌握学科知识和技能，促进学生身心健康发展、促进教学相长的过程。

体育教学过程含义如下。

(1)体育教学过程是体育教师的"教"和学生的"学"组成的双边活动过程。

(2)体育教学过程是一个动态过程。

(3)体育教学过程是师生以身体练习为重要媒介的交往实践过程。

## （二）体育教学过程的结构

体育教学过程有宏观教学过程（学期教学）和微观体育教学过程（一次课的课堂教学）之分，这里重点就体育课堂教学过程的结构分析如下。

1. 教学准备

教学准备是体育课程教学开展的重要前提，好的准备是教学成功的一半，教学准备包括以下内容。

（1）教师应准备好教案、教学场地、器材。

（2）教师应指导学生做好衣着、时间准备。

（3）师生做好身体、思想心理准备，为体育课程教学内容的正式传授、学练奠定良好的身心基础。

2. 教授新内容

在体育课中，准备活动之后，就要开始正式的教学内容。在教授新内容过程中，教师应重点做好以下工作。

（1）教学讲解。体育教师语言讲解要清晰、洪亮、流畅、精练。

（2）教学示范。教师的动作示范可以给学生提供最直观的技术动作形象。体育教师要做好自己的示范动作，示范动作要正确、标准、优美、大方，给学生良好的视觉效果，吸引学生的注意力，使学生掌握正确的动作定型。

（3）教学组织。教师要根据教学内容及学生的实际情况等选择合理的教学组织形式、教学方法、手段进行授课。

3. 巩固内容

体育教学内容的巩固主要通过对运动技术的反复练习来获得，根据技术动作的学习规律，学生必须反复学练才能掌握技术动作。为避免教学枯燥无趣和低效，教师应注意以下几点。

(1)教学目标明确。
(2)教学组织和学练的针对性要强。
(3)注重新旧运动技术间的联系。
(4)练习过程要循序渐进,注重发展性。

4. 检查学习效果

体育课堂的结束部分,应紧随课堂进度对学生的学习效果进行检查,同时通过教学检查了解学生的学习情况,辨识造成学生学习困难的原因,结合学生反馈,反思教学中是否存在问题,如何优化教学(教师的"教"和学生的"学")。

## 二、体育教学过程设计

### (一)体育教学过程设计的表述符号

体育教师进行教学设计,在教学表述中并非所有的教学安排都要用文字进行描述,为了节省时间,也为了更加直观地表现,体育课程教学设计中,对教学过程的表述是采用类似于计算机流程图的形式进行的,规定的符号见表5-1。

表5-1 体育教学过程流程图符号

| 符号 | 意义 |
| --- | --- |
| ▭ | 教师的活动 |
| ▢ | 媒体的应用 |
| ▱ | 学生的活动 |
| → | 过程进行的方向 |
| ◇ | 教师进行逻辑判断 |

## （二）体育教学过程设计的具体表现形式

目前,在体育教学中,对体育教学过程的设计主要有以下三种表现形式。

### 1. 练习型

练习型体育教学过程设计,主要以学生的身体练习为主。在教学中,教师充分利用教学媒体、教学教具进行教学内容展示,使学生明确所学技术动作及动作组合的路线、结构、动作要领等,帮助学生建立正确的动作定型。在此基础上,组织学生反复进行技术动作练习、身体练习,并发现和纠正学生的错误,对学生作出评价并指出改进意见和建议(图 5-2)。

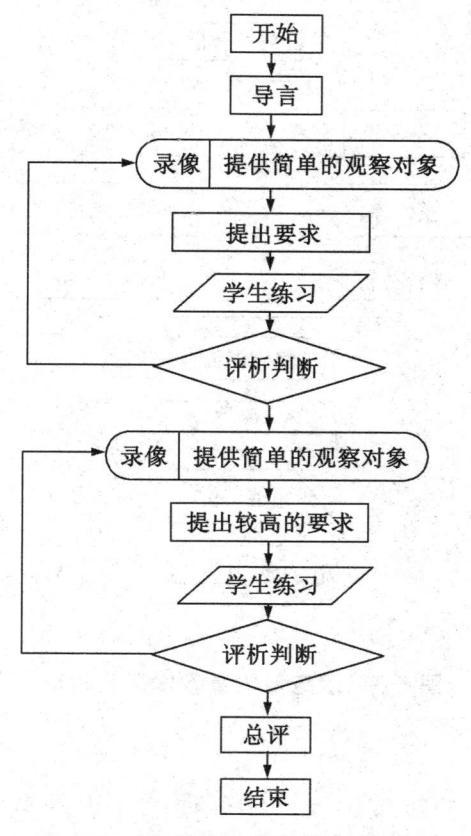

图 5-2　练习型体育教学过程设计

## 2. 示范型

示范型教学过程设计,也注重学生的技术学习,但是与练习型教学过程设计不同,示范型教学过程设计在教学内容的"示范"上要花费大量的教学时间和精力。教学过程中,教师会专门性地重点展示技术动作,技术动作的示范是教学过程的重点和难点,这种教学过程设计通常用于复杂的体育运动技能的课程教学(图 5-3)。

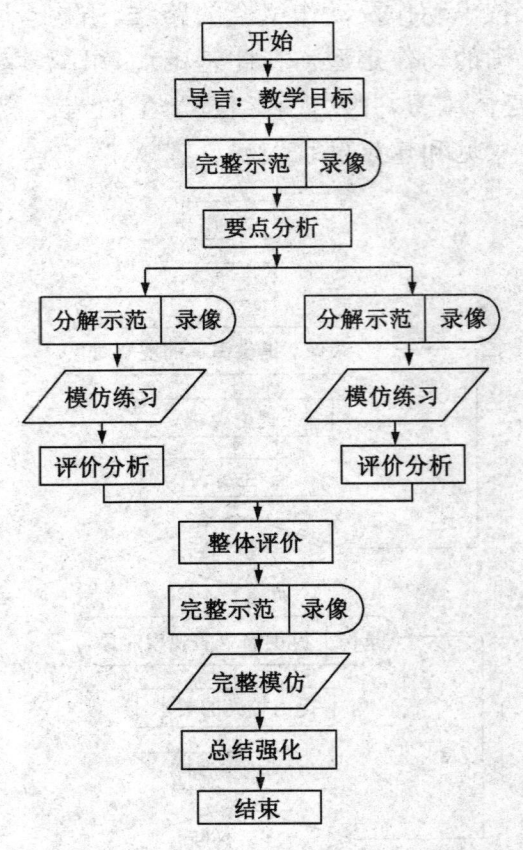

图 5-3 示范型体育教学过程设计

## 3. 探究型

探究型体育教学过程设计体育理论知识的教学,通过体育教学内容的学习,使学生掌握具体的原理、规律、特点等,并通过所学的经验去观察、思考、探究、寻找和总结事物与现象的规律,并得出具体的可促进自我技术动作改善与提高的结论,为学生学习更难的知识、技术奠定良好的理论基础。探究型体育教学过程设计对各项体育教学活动的安排注重激发学生学习的主动性,培养学生发现问题、探究问题、解决问题的能力(图5-4)。

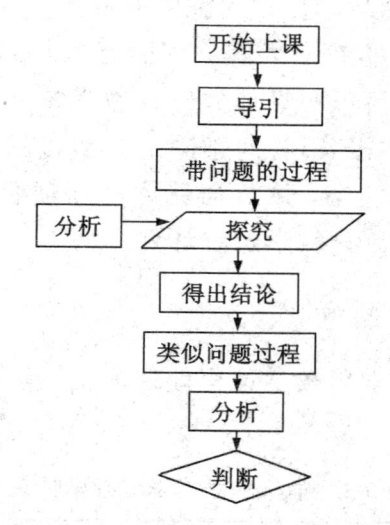

**图 5-4 探究型体育教学过程设计**

## 三、体育教学过程计划

### (一)学年体育教学过程计划

**1. 学年教学过程计划的方式**

(1)学段与学年结合式。

学段与学年相结合的学年教学过程计划方式有助于兼顾学生在不同学年的学习发展,也有助于教师在不同学年的教学连续性。

结合学段和学年教学过程特点,充分考虑到各学年教学目标和教学内容的内在联系,统筹兼顾,最后制订出学年教学过程计划。

(2)学年独立式。

制订学年教学过程计划时,认真研究教学目标,针对本学年的教学内容安排、可用教学场地与器材等教学条件与环境安排来合理安排本学年的两个学期的各部分教学内容与教学活动,确定课时分配,最后制订出学年教学过程计划。

(3)季节划分式。

相较于学年独立式的教学过程计划,在季节划分式教学过程计划中,每个季节的教学计划实施的时间跨度不大,因此,能给学生细致地安排具体的教学内容。同时,结合不同季节的长短,体育教学过程计划还可以凸显地方体育教学特色。例如,我国东北冬季漫长,南方夏季漫长,针对不同地区明显的季节变化,可以选择不同的体育教学内容,并结合具体运动项目(滑冰、滑雪或游泳、民族体育项目)制订教学过程计划。

2. 学年教学计划示例

以学年独立式学年教学过程计划为例,具体教学计划内容可参考表5-2。

表5-2 学年独立式学年教学计划[①]

| 类型 | | 内容 | 学时安排 ||||||||||||||||| 总计 | 备注 |
|---|---|---|---|---|---|---|---|---|---|---|---|---|---|---|---|---|---|---|---|---|---|
| | | | 1 | 2 | 3 | 4 | 5 | 6 | 7 | 8 | 9 | 10 | 11 | 12 | 13 | 14 | 15 | 16 | 17 | 18 | | |
| 上学期 | 精学 | 篮球 | 2 | 2 | 2 | 2 | 2 | 2 | 2 | 2 | 2 | 2 | 2 | | | | | | | | 22 | 1～18为周次,每周2学时 |
| | 简学 | 武术 | | | | | | | | | | | | 2 | 2 | 2 | 2 | 2 | 2 | 2 | 14 | |
| | 介绍 | 介绍体育运动文化项目知识或体验项目,随机安排 ||||||||||||||||||| |
| | 锻炼 | 各种专项练习和基本素质练习,融于实践课中经常练习 ||||||||||||||||||| |
| | 知识 | 精选体育与健康理论知识,在不适宜户外活动时安排 ||||||||||||||||||| |

---

① 毛振明.简明体育课程教学论[M].北京:北京师范大学出版社,2009.

## 第五章 体育课程教学设计与管理的优化发展

(续表)

| 类型 | 内容 | 学时安排 | | | | | | | | | | | | | | | | | 总计 | 备注 |
|---|---|---|---|---|---|---|---|---|---|---|---|---|---|---|---|---|---|---|---|---|
| | | 19 | 20 | 21 | 22 | 23 | 24 | 25 | 26 | 27 | 28 | 29 | 30 | 31 | 32 | 33 | 34 | 35 | 36 | | |
| 下学期 | 精学 | 篮球 | 2 | 2 | 2 | 2 | 2 | 2 | 2 | 2 | 2 | 2 | | | | | | | | | 20 | 19～36为周次,每周2学时 |
| | 简学 | 游泳 | | | | | | | | | | | 2 | 2 | 2 | 2 | 2 | 2 | 2 | 2 | 16 | |
| | 介绍 | 介绍体育运动文化项目知识或体验项目,随机安排 | | | | | | | | | | | | | | | | | | | | |
| | 锻炼 | 各种专项练习和基本素质练习,融于实践课中经常练习 | | | | | | | | | | | | | | | | | | | | |
| | 知识 | 精选体育与健康理论知识,在不适宜户外活动时安排 | | | | | | | | | | | | | | | | | | | | |

### (二)学期体育教学过程计划

**1. 学期教学过程计划的方式**

(1)五大类内容式。

学期教学过程计划的制订,要求教师应明确各个学期的目标,结合不同学期的不同教学目标,教师选择不同教学内容并以此为依据制订的教学过程计划就是内容式教学计划,该教学计划能充分照顾到每一类教学内容,教学内容丰富,能清楚地反映整个学期教材的布局。

具体来说,教师从精学、简学、锻炼、介绍、知识五类中选择适宜的教学内容,合理安排每一类内容的教学时数,统筹考虑,合理安排,制订出学期教学过程计划。

(2)内容唯一式。

内容唯一式教学过程计划,具体是指以某一教学内容为主,忽略其他教学内容,仅列举每次课的具体内容。

该教学过程计划的优点是能清楚地反映出每次课教材的具体内容,但不涉及学时、教学要求的学期教学过程计划。不足之处在于,该类计划对整个学期教材的布局不能做到一目了然。

(3)目标内容结合式。

目标内容结合式教学过程计划是在确定本学期体育教学目标的基础上,结合学生的学习状况提出具体的要求,再列出整个学期的各次课的教学内容,制订计划。

2. 学期教学过程计划示例

以操舞类体育运动项目课程教学的内容唯一式体育教学过程计划为例,详见表5-3。

表 5-3 内容唯一式学期教学计划

| 课次 | 教学内容 |
| --- | --- |
| 1 | 1. 形体课的目的、内容及重要性;2. 本学期内容及课堂常规 |
| 2 | 1. 基本站立姿态及八个方位;2. 芭蕾手位、脚位 |
| 3 | 1. 姿态练习;2. 基本步伐:足尖步、柔软步 |
| 4 | 1. 足尖步、柔软步组合;2. 基本训练:擦地 |
| 5 | 1. 足尖步、柔软步组合;2. 基本训练:下蹲 |
| 6 | 1. 足尖步、柔软步组合;2. 垫上姿态 |
| 7 | 1. 复习垫上姿态组合;2. 学习波浪组合(男:垫上组合);3. 素质练习 |
| 8 | 1. 复习波浪组合(男:垫上组合);2. 提沉组合 |
| 9 | 1. 复习垫上提祝组合和跑跳步组合;2. 把杆:下蹲 |
| 10 | 1. 姿态组合;2. 韵律健美操第一段 |
| 11 | 1. 复习姿态组合;2. 韵律健美操第一、二段 |
| 12 | 1. 韵律健美操全套;2. 素质练习 |
| 13 | 1. 维吾尔舞蹈基本手位、手型和动作;2. 下蹲组合 |
| 14 | 1. 复习维吾尔舞蹈基本动作;2. 学习维吾尔舞蹈《赛乃姆》第一段 |
| 15 | 1. 复习维吾尔舞蹈《赛乃姆》第一段;2. 学习舞蹈第二段 |
| 16 | 1. 复习维吾尔舞蹈全套;2. 学习波浪组合(二)(垫上力量组合) |
| 17 | 1. 复习波浪组合(二)(垫上力量组合);2. 有氧活力操第一段 |
| 18 | 1. 复习有氧活力操第一段;2. 学习有氧活力操第二段 |

## （三）单元体育教学过程计划

单元教学过程计划多以各项运动技术进行划分，单元名称通常以具体的体育运动项目名称，单元教学以运动项目的技术教学顺序依次开展，教学过程中可穿插有辅助性教学单元。

不同的教学单元，教学指导思想不同，教学设计原理不同，如此可体现出不同的教学特点、功能（表5-4）。以篮球教学为例，单元体育教学过程计划制订参考表5-5。

表5-4　不同种类单元的特点、作用

| 单元种类 | 构成 | 主要目标 | 主要内容 |
| --- | --- | --- | --- |
| 技术单元 | 某个运动项目或技术 | 掌握技术 | 传授、练习 |
| 活动单元 | 某个活动或某类活动 | 娱乐、热身 | 活动和尝试 |
| 题材单元 | 场景串联的运动和练习 | 情感体验、发展运动能力 | 模仿、练习 |
| 运动处方单元 | 某种健身原理和练习 | 掌握原理、锻炼身体 | 处方制定和实施 |
| 理论单元 | 某一理论及相关运动 | 掌握理论、发展技能 | 讲授、验证 |
| 综合单元 | 上述两种以上的形式 | 视情况而定 | |

表5-5　篮球单元教学计划

| 课次 | 精教类教学内容 | 锻炼类教学内容 |
| --- | --- | --- |
| 1 | 移动：各种跑；原地双手胸前传接球 | 往返跑接力比赛 |
| 2 | 双手胸前传接球、双手胸前反弹传接球；高低运球（介绍规则；带球走） | 力量 |
| 3 | 行进间双手胸前传接球；原地单手肩上投篮 | 快速跑 |
| 4 | 运球—传接球练习；定位投篮、投篮比赛 | 蛙跳 |
| 5 | 行进间高手投篮；四角移动传接球 | 俯卧撑 |

(续表)

| 课次 | 精教类教学内容 | 锻炼类教学内容 |
|---|---|---|
| 6 | 行进间高手投篮：体前变手运球 | 单足跳 |
| 7 | 传球—接球高手投篮：行进间运球急停急起 | 立卧撑 |
| 8 | 行进间运球—传球—接球高手投篮练习 | 立定跳远 |
| 9 | 定位单手肩上投篮：三对三半场篮球比赛（介绍规则：犯规） | 耐久跑 |
| 10 | 运—传—接投练习：单手肩上传接球 | 灵敏 |
| 11 | 移动技术：滑步练习；全场一人运球一人防守练习 | 俯卧撑 |
| 12 | 传切配合练习：半场往返运球上篮练习 | 运球接力比赛 |
| 13 | 半场二打一（传切配合）：练习投篮、半场往返运球上篮 | 高抬腿跑 |
| 14 | 复习技术 | 三对三半场比赛 |
| 15 | 考核：一分钟投篮 | 三对三半场比赛 |
| 16 | 考核：一分钟半场往返运球上篮 | 三对三半场比赛 |
| 17 | 分组半场四对四擂台赛 | 不及格同学补考 |
| 18 | 全场五对五教学比赛 | |

## （四）学时体育教学过程计划

### 1. 学时体育教学过程计划的方式

（1）文字式。

采用文字叙述的方式来依次描述整个体育课程教学的课堂教学顺序，各种教学活动安排罗列清晰，便于查看。

（2）表格式。

将本次课的体育课程教学活动安排以表格形式呈现，各部分教学内容安排更加直观，可结合具体教学内容选择不同表格呈现。

### 2. 学时体育教学计划示例

以某一技术动作的教学为例，一次课的教学过程计划安排见表 5-6。

第五章 体育课程教学设计与管理的优化发展

**表 5-6　头手倒立学时教学计划**

任课教师：　　　　　指导教师：

| 学习目标 | | | | | | |
|---|---|---|---|---|---|---|
| 主要学习方面 | | | | 学习内容 | | |
| 课的结构 | 时间 | 教学内容 | 教学要求 | 教学重点 | 组织教法与学法 | 思想教育 |
| 学习准备阶段 | 8～10 分钟 | | | | | |
| 尝试体验阶段 | 12～15 分钟 | | | | | |
| 实验验证阶段 | 10～13 分钟 | | | | | |
| 评价阶段 | 3～5 分钟 | | | | | |
| 归纳阶段 | 3 分钟 | | | | | |
| 场地与器材 | | 平均心率 | | | | |
| | | 练习密度 | | | | |
| | | 心理负荷 | | | | |

# 第三节　体育课程教学活动的常规管理

## 一、体育课堂教学管理

### (一)课前备课管理

备课是体育教师实施体育课程教学的重要基础。对于体育教师来说，要做好自我备课管理，对学校来说，要做好对教师备课的监督，确保体育教师的备课态度、备课质量。

1. 体育教师的备课管理

(1) 仔细钻研教材。

教材是体育教师开展体育教学的重要教学依据,教材是教师活动与学生活动的重要中介。离开教材,教师的体育教学就会失去方向,因此,教师必须要认真钻研教材,如此才能够深入把握体育教学目标、体育教学任务,领会体育教学大纲的精神,才能深入把握教材的体系范围与深度,才能有针对性地把握体育微课堂教学重点、教学难点,做到教学活动安排的有的放矢。

(2) 深入了解学生。

学生作为体育课程的教学对象,是体育教师所组织的教学活动的主要参与者,各项体育教学活动的开展,必须要深入了解学生的特点与情况,如此才能设计和安排出更符合学生身心发展、对学生有吸引力的体育教学内容与活动。

备课时,体育教师应深入了解学生的以下情况。

①学生的年龄阶段、性别特点。

②学生的知识基础。

③学生的身体健康状况。

④学生的认知能力。

⑤学生的运动能力水平。

⑥学生的学习态度和兴趣需要。

⑦学生的个体和群体个性特征。

(3) 合理组织教法。

教学方法是体育教师完成课堂教学任务的重要途径,如果教学方法选择和使用不当,会对整个教学活动开展有效性、教学质量产生负面影响。

教师选择体育教学方法应有科学依据,具体如下。

①根据教材性质选用教学方法。

②根据教学任务的要求选用教学方法。

③根据学生的情况选用教学方法。

## 第五章　体育课程教学设计与管理的优化发展

④根据场地器材条件选用教学方法。

⑤根据自我教学风格特点与教学能力选用教学方法。

(4)认真编写教案。

教案,即课时计划,它是教师进行课堂教学的直接依据。

体育教师撰写教案,应该做到以下几点。

①教案应符合教学大纲的要求和学校的有关规定。

②教案撰写应充分考虑学生的实际情况。

③教案撰写应充分考虑教学活动开展可支持的客观教学环境与条件因素。

④教案撰写要规范,详略得当,备课文字精练、准确。

(5)场地、器材准备。

场地和器材是辅助完成体育教学的必要物质条件,在体育课教学前,教师要自己或组织学生帮忙准备好场地、器材,并合理规划场地和布置器材。

2. 学校对教师的备课监督

(1)相关部门应对教师备课提出具体要求,如教案规范、详略程度等。

(2)管理部门和管理者应定期或不定期对体育教师的教案进行评比,组织教师交流,提高教师的备课能力,规范各教师的备课。

(二)课堂教学管理

1. 体育教师的上课管理

为保障体育课堂质量,顺利开展各种教学活动,体育教师应做好以下工作。

(1)明确教学目的。

体育教学目的是体育课堂所有教学活动的重要指导方向,任何教学活动的安排都应该为实现教学目标服务。

要做到体育教学活动安排有针对性,体育教师就必须在上课中始终牢记教学目的,并使学生对教学目的有一定的了解,告知学生学习任务。

(2)科学选择教学内容。

教学内容是课堂教学的载体,是圆满完成教学任务的重要保障,正确的教学内容,应该体现科学性与思想性的统一。

(3)正确选择教学方法。

体育教学方法丰富,有时同一堂体育教学课选用不同的教学方法都能达到教学的目的,但是为了可以充分调动学生学习的积极性,将传授知识与发展智力、教书与育人、统一要求与因材施教结合起来,实现最优化的教学效果,教师必须要选择最佳的体育教学方法,并且运用的教学方法应结合具体教学实践灵活运用。

(4)严密组织课堂教学。

体育课程教学体系包括多个体育教学要素,体育教学活动的组织应合理处理各种教学要素之间的关系。具体来说就是要合理分配课堂教学时间,优化课堂教学结构与模式,提高教学效率、优化教学效果。

## 2. 学校对教师的上课管理支持

教师的体育教学活动开展,离不开学校的支持和重视,学校体育管理者会通过看课、听课、公开课、观摩课等方法和途径对体育教师的体育课进行检查和督导。为不断优化学校体育教学,学校应为体育教师的课程教学提供以下支持。

(1)学校领导应重视体育课,避免重视其他学科课程而忽视体育课程。

(2)学校教学部门对教师教学工作的开展应给予充分的支持,尽量满足教师教学的硬件和软件条件。

(3)学校相关部门及领导应积极主动地深入课堂,对体育教师的教学情况进行充分了解,检查和督促体育教师完善体育教学。

(4)为本校体育教师之间,本校与其他学校体育教师之间的交流提供机会。

(5)为体育教师及时解决各种问题并提供相应的政策、资金、条件支持。

(三)课后教学管理

体育课结束以后,体育教师的体育教学工作并没有结束,体育教师还需要积极回收教学器具,并在教学结束为学生布置学习任务。教师在课后对学生的学练困惑要及时做出答疑和解惑,如果有条件还可以积极组织和参与学生的体育健身活动,多与学生进行交流,了解学生的课上学练情况和课后学练情况,深入学生,总结和归纳各种反馈信息,以更好地去完善以后的教学。

## 二、课外体育活动管理

(一)早操、课间操

为活跃学校的体育生活,很多学校都设有早操、课间操,组织学生积极参与学校的体育健身锻炼,对学生的课间操、早操的管理与组织应依照学校的实际情况而定。具体做好以下工作。

(1)项目管理。确定课间操、早操的项目内容,统一管理。

(2)器材管理。运用集中与分散相结合的方法进行管理。

(3)人员管理。明确教师负责人,同时,依靠学生干部等进行年级、班级的具体早操、课间操活动管理。

(4)效果管理。运用平时考勤与抽查评比相结合的方法。

(二)个人体育活动

对学生个人的活动,体育教师应耐心引导、启发,并根据班级课外体育活动计划,结合学生实际,有针对性地帮助其作出活动计划。

### (三)班级体育活动

首先,体育教师在对班级的体育活动管理中应注意总体性和宏观性的把握。

其次,体育教师进行班级体育活动管理,应注意发挥学生干部和体育骨干的作用。在班主任、体育教师的指导下,班级体育委员征求全班同学的意见和建议后制定活动计划,组织落实班级体育活动。

### (四)体育俱乐部活动

学校体育俱乐部活动是学生根据自己的体育特长、兴趣爱好自愿加入的学校体育活动组织。一般的,学校体育俱乐部通常是学校根据自己的场地设备、师资力量、体育传统优势等因素筹建的。

以学校组织发起的体育俱乐部,学校体育俱乐部活动的管理应由专门负责人负责,根据学校体育工作的总体规划和课外体育活动计划确立活动目标、运营方式、人员安排等。

学生自发组建的体育俱乐部,学校体育管理部门应有备案,同时指派相关体育教师或其他教育管理者担任学校体育俱乐部的协助领导负责人,为俱乐部的活动开展提供组织、管理方面的指导、协调、配合。

### (五)校园体育活动

校园体育活动主要包括学校结合本校的实际情况所举办的体育文化活动。主要包括以下几种形式。

(1)校园"体育周"。集中利用一周时间,开展课余体育训练,或组织各种宣传教育、锻炼、运动会等活动。

(2)校园"体育日"。与有意义的节日或体育形势(重大的国际、国内的体育活动)相结合,开展主题体育文化活动。

(3)体育专题报告、体育讲座。
(4)体育知识竞赛。
(5)体育文化表演。
(6)单项体育运动会、综合体育运动会等。

## 第四节 体育课程教学的质量与安全管理

### 一、现代体育教学质量管理体系构成

#### (一)教学质量评估体系

对体育教师的教学质量进行评估,是完善体育教学、促进体育教学进一步发展的重要前提,是学校体育教学管理的重要内容。

教师教学质量评估是学校教学管理部门经常采用的对教学质量进行管理的主要方式。就学校体育教学来说,教学质量的提高是促进教育质量不断提高的重中之重。

目前,为规范和提高各学校体育教学质量,我国教育主管部门制定并推行了相应的教学评估制度,地方教育部门也积极贯彻《学校体育工作条例》这一评估制度,评估制度已成为促进我国体育教学质量不断提高的关键举措,为学校体育教学的质量不断提高提供了制度方面的参考依据与标准。

各级各类学校的教学情况不同,要提高本校的体育教学质量,学校体育领导和教育相关部门还应结合本校的实际去建立适合本校体育教学的质量评估体系,评估体系应与其他学校作积极对比,突出本校特色,同时又便于本校体育教师参考执行。

## (二)教学质量管理目标体系

要不断提高体育教学质量,就必须有明确的质量目标,如此才能不断规范体育教学实践的开展并更好地就体育教学实践进行调整、完善。

在学校教育管理中,同其他学科相比,体育学科具有一定的特殊性,并且每个学校的体育教学发展实际情况存在较大差距,公共体育普遍发展相对缓慢。学校体育教学管理缺乏重视,没有既定教学目标是学校体育教学工作开展懈怠的一个重要原因,现阶段,要不断提高学校体育教学质量,就必须结合学校实际情况来制定质量目标,要求学校体育教学工作者都以目标为指导科学组织开展各项体育教学活动。

## (三)教学质量管理反馈系统

良好的管理离不开反馈,管理反馈是管理完善的重要构成环节。在质量管理方面,信息是最主要的依据,为了确保学校质量管理体系能够正常运转,就需要构建一个内外信息沟通的反馈系统。

就学校体育管理系统的完善与构建来说,要充分重视来自学生和一线体育教师的学练与教学的反馈,具体措施可采取组建起"教学督导员队伍""教学信息员队伍"学生学习调查小组等形式,同时利用问卷调查、学生座谈会、网上信箱、网上评教、编制《教学通讯》等途径来收集教学及其管理信息,通过对具体信息的分析、整理、归纳、总结,为进一步完善学校体育教学管理提供必要的参考信息。

## 二、体育课程教学安全管理过程

### (一)不安全因素类型

体育教学活动的开展离不开教师与学生的双边互动,从体育

## 第五章　体育课程教学设计与管理的优化发展

教学活动参与者来看,体育课程教学中存在的不安全因素主要有教师层面和学生层面的两类不安全因素。此外,师生活动的开展需要一定的物质基础支持,因此,在器材、场地层面也可能存在一些不安全因素。

**1. 教师层面的体育课程教学不安全因素**

以下一些行为和现象,都有可能导致危险事件的发生。
(1)教师没有履行岗位职责或擅离职守。
(2)教师对学生进行体罚。
(3)教师的教学活动脱离体育教学常规与大纲要求。
(4)教师忽视对学生的安全教育。
(5)教师预见了可能存在的危险但是没有提前采取预防措施。
(6)教师没有及时劝阻或制止学生的危险行为,任由学生继续。
(7)教师没有注意到有特异体质的学生或有特定疾病的学生,未能阻止这类学生参加体育运动。

**2. 学生层面的体育课程教学不安全因素**

学生自身的变化也是其在体育学习过程中出现伤害事故的主要原因,学生的体育活动伤害事故主要有扭伤、碰伤、摔伤、擦伤甚至猝死等。可能引起这些危险和危害的不安全因素有如下几方面。
(1)学生自身安全意识不足。
(2)学生身体存在不适。
(3)学生对技术动作的错误理解。
(4)学生运动心理发生不良变化。
(5)学生的运动基础和运动能力有限。

**3. 体育教学所依赖的场地、设施等不安全因素**

体育场地设施以及气候等方面的变化都可能引起学生的伤

害事故，具体表现如下。

(1)体育场馆及设备的安全制度不合理，管理混乱。

(2)体育设施年久失修。

(3)体育场地设施没有定期检查。

(4)体育场地设施在使用过程中出现损坏但没有及时保修而继续使用。

(5)体育教学设备或设施与国家规定的卫生和安全标准不符。

(6)体育场地设施的管理人员素质水平较低。

(7)体育场地设施因高温、暴风雨、雷电等引起的不可预知危险。

(8)危险器材缺乏安全操作说明。

## (二)教学风险识别与评估

(1)根据已有经验识别体育教学活动中的风险因素。

(2)建立体育教学风险识别资料库。

(3)从定量与定性两方面分析与评估风险。

(4)分析和评价潜在风险可能带来的损失。

(5)评价现阶段亟需解决的体育教学风险。

## (三)教学安全管理程序

(1)针对潜在教学风险选择应对技术和措施。

(2)建立应急预案，对风险应对的方案加以制定。

(3)评价与选择应对方案。

(4)对所选方案加以实施。

(5)评价方案实施效果。

(6)建立教学安全管理档案，总结经验，吸取教训，为以后的教学管理的完善提供参考。

# 第五节　体育课程教学设计与管理的发展与完善

## 一、体育课程教学设计的发展趋势

（一）跨学科的体育课程教学设计指导

教学设计是一种设计和制造学习环境的有效方法，它从一开始就被广泛应用于工业、军事、政府部门、高等教育与职业教育以及商业课件的开发。可见，教学设计的研究和应用不只是教育领域的专利。

从不同学科与领域的有机联系角度来讲，日益重视跨学科研究和跨领域的应用是教学设计领域内外一系列推动的结果，体育课程教学设计将越来越多地呈现出跨学科的理论知识的指导性，如此的体育课程教学设计将会更符合学生实际、教学规律发展与教学活动的开展。

（二）对体育教学环境设计的日益重视

教学环境是体育课程教学的重要组成部分，在以往的体育课程教学中，体育教学硬件与软件设施匮乏，体育教学活动开展较为艰难。随着现代体育教学物质的不断丰富与完善，体育教学活动的开展日益丰富，这使得学生能在更加优质的体育教学环境中提高参与和学习体育的积极性与主动性。

此外，现代体育课程教学中，体育教师越来越重视教学情境的创设，以为学生的体育学练提供更加丰富和真实的体育情感体验，激发学生的学习兴趣。

### （三）对体育教学新技术应用的日益重视

新时期，越来越多的新教学技术在教学中得到应用，这符合教学发展实际，也符合新时代学生的学习特点和学习需求。体育课程教学中，一些新的教学技术也在不断应用创新，如多媒体教学、网络教学、线上公开课与精品课等，这些都是新时代学校体育课程教学的体现。这些具体的教学技术在传统教学设计中是没有的，为更好地让现在的学生接受和融入体育教学活动，教师也越来越重视将新的体育教学技术应用到体育教学活动中的设计。

## 二、体育课程教学管理的完善策略

### （一）完善学校体育课程教学管理制度

当前，我国缺乏完善的体育课程教学管理制度，我国各级各类学校的职能部门在管理方面存在着体育教学管理部门和学校的总教务部门脱节的严重现象。进一步完善体育课程教学管理制度应做好以下工作。

（1）体育教学部门应遵循体育教学的发展规律，制定合理的教学管理方案。

（2）体育课程教学管理制度的确定应充分考虑到体育课程的特性，在管理中突出其特征。同时要接受学校总教务处的领导与管理。

（3）学校总教务处处理学校各类工作，应关注学科的不同与区别，注重调动体育教学管理部门的积极性。

### （二）加强学生的安全教育

学校体育课程教学过程中，体育教师始终都要注意学生的安全问题和安全教育，确保学生的人身安全。这方面的工作是琐碎的，更需要教师细致、严谨对待，具体应做好以下工作。

(1)课前仔细检查体育课教学中使用到的所有器材和设施,排除安全隐患。

(2)正确摆放课堂中有可能用到的运动器材,有安全隐患的器材派专人看管。

(3)运动前,检查学生的穿着配饰,不穿着和佩戴妨碍运动的衣物、尖锐物。

(4)询问学生有无生病和身体不适。

(5)充分介绍本次教学活动过程中的危险因素,提高学生的安全意识。

(6)合理设计和调整本次课的具体内容和活动环节。

(7)合理安排教学内容和运动负荷。

(8)合理安排技术、战术的练习顺序。

(9)教法得当,讲解清晰,示范准确,引导学生建立正确的动作定型。

(10)加强课堂纪律管理,避免学生做危险、冒险动作。

(11)做好学生的技术保护与帮助。

(12)随时观察学生的动作掌握程度、身体情况、情绪和心理变化。

(13)合理安排放松练习。

(14)对课堂上出现的危险情况,认真分析,总结经验、吸取教训。

(三)提高教师教学管理能力

体育教师是体育教学中教学活动的主要组织者与领导者,在体育教学领导中具有非常重要的责任。体育教师应具备较强的专业素质,较高的执教水平,如此才能提前预知、发现危险,及时制止、处理危险。

从管理者角度来讲,应做好以下工作。

(1)体育教师自身应始终将安全意识放在体育教学的首位。

(2)体育教师应不断加强自我学习,提高危险识别和危险因素处理能力。

（3）学校应该加强对教师的安全教育，为教师敲警钟，提供机会促进教师的进一步学习、交流，丰富教学经验和知识。

（4）学校应加强对体育教学管理人员的培训，使专门负责相关活动、器材的管理人员了解与认识现代体育教学管理知识，提高体育教学管理人员素质和管理操作实践能力。

# 第六章 体育课程与信息技术整合的基本理论构建

现代社会已经进入信息化的时代,这对各行业都提出了信息化的要求,学校体育课程也应顺应这一发展潮流,寻求与信息技术结合的机遇,以此提高体育课程的教学效果。为此,本章就对体育课程与信息技术整合的理论问题进行研究,以为两者的整合打下基础。

## 第一节 课程与信息技术整合的本质与内涵

在了解体育课程与信息技术整合的相关理论前,首先要了解课程与信息技术整合的本质与内涵。

### 一、课程与信息技术整合的本质

之所以现如今对信息技术与课程予以整合如此热衷,就在于这种结合的本质是改变过去传统的"以教师为中心"的教学结构为更契合时代发展要求的、新型的"主导-主体相结合"的教学结构。实际上,教育改革已经轰轰烈烈地展开一段时间了,被改革的对象可谓涉及了教学内容、教学方法、教学模式、教学目标等各个要素。尽管对这些内容的改革是重要的,但这与更深层的教育改革相比还尚不能等同,而只有对教学结构的改革才称得上是进入了改革的"深水区",才能改变最根本的东西。事实上,这里对信息技术与课程整合的本质作这样的论述是合理的,它非常符合当前我国教育领域改革火热的国情,也指明了其中存在的问题,即忽视对教学结构的改革。

过去很长一段时间中,我国大多数学校都是以传统的教学结构为总体教学框架的。教师在这个结构中占有绝对的中心地位,其他三个要素是学生、教学内容和教学媒体。这四个要素之间彼此的相对关系为教师是知识或技能的传授者,是教学活动的组织者和管理者;学生也是教学活动的主体,他们是知识或技能的接受者、学习者,学习往往是在被动状态下进行的,他们好似是一个知识接受器;教学内容则是各种教材,这是教学活动得以实现的重要载体,是学生学习的基础来源,同时也是教师讲授的主要内容;教学媒体在教学过程中是起辅助作用,即用于演示重点和难点的直观教具。

教师作为教学结构的中心优势是便于其在教学中充分发挥主导作用,这对于本就是教学组织者和管理者的教师来说有助于监控整个教学过程,这对教学目标的完成也是非常有利的。当然,教师作为教学结构的中心也有一定的缺陷,那就是限制了学生的主动性和创新思维,容易将教学活动变为纯粹的你教我学的单向信息传输活动。在这种氛围下,学生的个体意识和思维就显得有些多余,他们只要信奉教师的权威就好。如此培养出的学生是难以满足 21 世纪社会对全面型人才的需要的。之所以要改变这种以教师作为中心的传统教学结构也正是基于这个原因。"主导—主体相结合的教学结构"正是在这种情况下被创新出来,成为既能发挥教师主导作用又能充分体现学生主体地位的教学结构。这种全新教学模式的出现基本上改变了传统教学系统中四个要素的地位、作用和它们之间的关系,而这其中最为关键的就是改变了教师与学生的地位和这两大教学主体的关系,如此使教师转变为课堂教学的指导者、启发者,学生则一改过往的那种受外部刺激被动学习的情况,变为教育信息加工的主体。除此之外,过去常用的多媒体教学手段也要有所改变,即由单纯的直观演示教具转变为既能辅助教师教学又能促进学生自主学习的、协作交流的认知工具、协作工具与情感工具。而作为教学载体的教材,则应由过去学生学习的唯一知识来源转变为众多知识来源中的一种。

学校教学改革在我国已经进行了多年。不过,鉴于改革的重点大多在教学诸元素上,所以使得那些切实对教学产生深刻影响的传统教育思想、教学理论、学习理论等未被触及,这使得改革浮于表面,实际上还是会限制创新型人才的培养。由此可见,改变传统的以教师为中心的教学结构就十分重要与迫切了,而对此进行的改革有赖于信息技术与课程整合所营造的信息化教学环境和由此形成的新型教学方式。这才是真正的信息技术与课程整合的本质所在。

## 二、课程与信息技术整合的内涵

20 世纪 90 年代,信息技术在教育领域的应用标志着信息技术进入了第三个发展阶段。这一应用方式为信息技术与各学科课程的整合,而这也是当下世界主要国家在教育领域实现信息化的核心。

我国学校最早对整合的理解是将计算机技术融入学科教学中,就算是信息技术与课程的整合,认为在教学中对计算机的使用就像使用黑板、粉笔一样普遍。这种理念实际上是将课程整合的重点放在了 CAI(计算机辅助教学)上,使计算机在教学中以工具的形式出现,以此完成不同学科的教学任务。在教学中的具体做法主要有三个要点:一是寻求适当的教学平台,并让教师充分利用这个平台,这并没有对教师提出做课件这一要求;二是相应的教师培训,培训的重点为让教师掌握一般化的信息技术技能,并培养他们的综合学科素养、学科教学论及教育技术理论;三是在教师熟练掌握技术的基础上,通过信息检索、师生交流、学生自主探究学习、多媒体演示等多种手段实施课程整合。如果是从整合后的价值来看，如此整合则更加看重的是运用信息技术辅助的学科教育，而非信息技术教育本身。

还有一种对信息技术课程整合的理解是信息技术课程的内部整合，即由学科课程、活动课程和其他隐性课程等多种形式组合成新的信息技术课程，以此来培养学生的信息意识和信息技术的使用能力。如此整合出的课程也会涵盖一些信息技术课程的教学内容、创新教学方法、改革评价方法等。总的来看，这种内部的整合更看重信息技术教育的目标，即培养学生的信息技术综合能力，为他们的综合素养的提升又添加了重要一笔，进而为他们适应信息社会的学习、工作和生活打下必要的基础。

实际上，通过上面对信息技术与课程整合的认识可知，对信息技术与课程整合的界定无论是从计算机辅助教学的角度出发还是从信息技术教育本身出发，都没有对两者整合的本质做出全面的概括。

如今我们谈论的"信息技术与课程整合"是源于西方"课程整合"的概念。整合一词的解释为由系统的整体性及其在系统核心的统摄、凝聚作用而导致的使若干相关部分因素合成为一个新的统一整体的建构、程序化的过程。[①] 那么，在这一概念下，对信息技术与课程整合的界定就产生了众多观点，其中较为典型的几种如下。

李克东教授认为，数字化学习是信息技术与课程整合的核心。所谓："信息技术与课程整合是指在学科课程教学中，把信息技术、信息资源、信息方法、人力资源与课程内容有机结合，共同完成课程教学任务的一种新型的教学方式。"（李克东，2001）

南国农教授认为："信息技术与课程整合是指将信息技术以工具的形式与课程融为一体，也就是将信息技术融入课程教学各要素中，使之成为教师的教学工具，学生的认知工具，重要的教材形态，主要的教学媒体；或者将信息技术融入课程教学的各个领

---

① 李芒. 论信息技术与课程整合的含义、意义及原则[J]. 电化教育研究, 2004(5).

域,成为既是学习的对象,又是学习的手段。"(南国农,2002)

何克抗教授认为,"所谓信息技术与学科课程的整合,就是通过将信息技术有效地融合于各学科的教学过程来营造一种信息化教学环境,实现一种既能发挥教师主导作用又能充分体现学生主体地位的以'自主、探究、合作'为特征的教与学方式,从而把学生的主动性、积极性、创造性较充分地发挥出来,使传统的以教师为中心的课堂教学结构发生根本性变革,从而使对学生的创新精神与实践能力的培养真正落到实处。"(何克抗,2004)

在众多关于信息技术与课程整合的描述中,何克抗教授的观点获得了广泛认可。从对其的定义可见,其总是包含三个属性,即营造信息化的教学环境、实现新型教学方式以及改变传统教学结构。需要说明的是,这三个属性的改变是有先后的,而不是同时进行的。首先,是要营造信息化教学的环境,只有当这个环境营造出来之后,才能支持新型教学方式。然后当新型的教学方式确立之后,才能改变传统的教学结构,最后的变革目标都是为了实现对学生的创新精神与实践能力的培养。由此可见,这里"整合"的实质就是变革传统的教学结构,再直接点来说,就是改变传统的"以教师为中心"的教学结构,创建新型的、既能发挥教师主导作用又能充分体现学生主体地位的"主导—主体相结合"教学结构。因此,只有从这三个基本属性出发去解读二者整合的内涵,才能真正把握其本质。

CAI最大的意义在于革新了传统的教学方法与手段,但对于展现新的学习方式来说则没有太大贡献,更不用说对教学结构的改变产生什么作用了。因此,CAI与真正的信息技术与课程整合并没有太多本质层面的关联。不过,它的存在还是有实际意义的,这多是体现在CAI课件对学生自主学习的促进上,由此也说明了信息技术与课程整合的内容中也包含CAI,但其也只是整合过程中的一个环节而已。传统的CAI运用更多是要求教师把CAI课件作为突破教学中的重难点问题的直观演示教具,而这则是CAI所能作出的贡献的全部。可见,即使仅从应用的层面上看,这两种场合的 CAI 课件运用也是有区别的。

就此更加明确的是,所谓的信息技术与课程的整合不是将信息技术当作一种纯粹的教学工具或教辅方法,而是着重利用信息技术营造信息化的教学环境,这个环境可以给予教学需要的环境创设、信息获取、资源共享、思考启发、自主探究、协作学习等以支持,成为一种新的教学方式,使教学结构得到彻底改变,如此得以调动学生学习的主动性和积极性。这正是我们素质教育的重点目标(即创新人才培养)所需要的。

以未来教育领域的发展趋势为依据,信息技术在第三个发展阶段中用于教育领域,就是要通过信息化的教学环境和新型教学方式的建构,彻底改变传统的教学结构,提升学生的教学主体地位,培养其创新精神与实践能力。正是这些具有建设性和发展潜质的理念,使得信息技术与课程整合在现今被大力倡导,而且这已成为目前全球教育改革的总趋势。

## 第二节 体育课程与信息技术整合的理论基础

信息技术与课程整合是信息技术教育应用发展的新历史阶段,也是教育教学领域的一场深刻革命,更是深化学科教学改革的根本途径。但是如果信息技术与课程整合不能在科学的理论指导下进行,有效地整合是难以实现的。我们认为,建构主义理论、多元智能理论和混合式学习理论对目前指导信息技术与课程整合实践活动具有重要的理论指导意义。

### 一、建构主义学习理论

虽然一般认为,建构主义的理论基础是在半个世纪以前由皮亚杰和维果斯基等学者奠定的,但是这种理论开始在世界范围流行,并产生日益扩大的影响还是 20 世纪 90 年代以后的事情。

## 第六章　体育课程与信息技术整合的基本理论构建

建构主义之所以在当代兴起是与多媒体与网络技术（尤其是Internet）的逐步普及密切相关的。正是多媒体与网络技术为建构主义所倡导的理想学习环境提供了强大的物质支持并使之得以实现，才使建构主义理论走出心理学家的"象牙塔"，开始进入各级各类学校的课堂，成为支持多媒体与网络教学以及"信息技术与学科课程整合"的重要理论基础。

（一）建构主义理论概述

当今建构主义的一些基本思想实际上并非全新的观点，其中的很多思想都有着深厚的哲学和心理学根基。早在18世纪文艺复兴时期，意大利哲学家、人文主义者詹巴蒂斯塔·维柯在他的《新科学》一书中就明确提出了"建构"的思想，指出人们只能清晰地理解他们自己建构的一切。但是，真正对建构主义思想的形成、发展产生深远和深刻影响的当属瑞士心理学家皮亚杰和苏联心理学家维果斯基。

皮亚杰是认知发展领域最有影响的一位心理学家，他所创立的关于儿童认知发展的学派被人们称为"日内瓦学派"。皮亚杰的理论充满唯物辩证法，他坚持从内因和外因相互作用的观点来研究儿童的认知发展。他认为，儿童是在与周围环境相互作用的过程中逐步建构起关于外部世界的知识，从而使自身认知结构得到发展。儿童与环境的相互作用涉及两个基本过程——同化与顺应。同化是指把外部环境中的有关信息吸收进来并结合到儿童已有的认知结构（也称"图式"）中，即个体把外界刺激所提供的信息整合到自己原有认知结构内的过程；顺应是指外部环境发生变化，而原有认知结构无法同化新环境提供的信息时所引起的儿童认知结构发生重组与改造的过程，即个体的认知结构因外部刺激的影响而发生改变的过程。可见，同化是认知结构数量的扩充（图式扩充），而顺应则是认知结构性质的改变（图式改变）。认知个体（儿童）就是通过同化与顺应这两种形式来达到与周围环境的平衡：当儿童能用现有图式去同化新信息时，他处于一种平衡的认知状态;而当现有图式不能同化新信息时,平衡即被破坏,而修改或创造新图式(即顺应)的过程就是寻找新的平衡的过程。儿童的认知结构就是通过同化与顺应过程逐步建构起来,并在"平衡—不平衡—新的平衡"的循环中得到不断的丰富、提高和发展。这就是皮亚杰关于建构主义的基本观点。

在皮亚杰建构主义理论的基础上,科尔伯格在认知结构的性质与发展条件等方面作了进一步研究;斯腾伯格和卡茨等人则强调个体的主动性在建构认知结构过程中的关键作用,并对认知过程中如何发挥个体的主动性作了认真的探索;维果斯基创立的"文化历史发展理论"则强调认知过程中学习者所处社会文化历史背景的作用,在此基础上以维果斯基为首的维列鲁学派深入地研究了"教育活动"和"社会交往"在人的高级心理机能发展中的重要作用。所有这些研究都使建构主义理论得到进一步的丰富和完善,为其实际应用于教学过程创造了条件。

国外对建构主义思想的集中研究大约始于20世纪80年代后期。1989年末美国乔治亚大学教育学院邀请国内研究建构主义的若干著名学者围绕"教育中的新认识论"问题组织讨论,从不同角度对传统认识论提出质疑,并由此形成了有关认识与学习的六种不同的建构主义流派:激进建构主义、社会建构主义、社会文化认知观、社会建构论、信息加工建构主义和控制论系统观。尽管建构主义流派纷呈,但总体上它们是与客观主义相对立的一种认识论,其最核心的观点是人类的知识是主观建构的而不是客观存在继而被发现的。

(二)建构主义学与教的理论

建构主义学习理论强调以学生为中心,不仅要求学生由外部刺激的被动接受者和知识的灌输对象转变为信息加工的主体、知识意义的主动建构者,而且要求教师要由知识的传授者、灌输者转变为学生主动建构意义的帮助者、促进者和引导者。可见在建构主义学习环境下,教师和学生的地位、作用和传统教学相比已

## 第六章 体育课程与信息技术整合的基本理论构建

发生了很大变化。

1. 关于学习的含义

建构主义学习理论认为,知识不是通过教师传授得到的,而是学习者在一定的情境即社会文化背景下,借助教师和学习伙伴等其他人的帮助,即通过人际间的协作活动,利用必要的学习资料,通过意义建构的方式而获得的。"情境""协作""会话"和"意义建构"是学习环境中的四大要素。学习中的"情境"必须有利于学生对所学内容的意义建构,"协作"发生在学习过程的始终,"会话"是协作过程中不可缺少的环节,"意义建构"是整个学习过程的最终目标。由于学习是在一定的情境即社会文化背景下,借助其他人的帮助即通过人际间的协作活动而实现的意义建构过程,因此建构主义学习理论认为"情境""协作""会话"和"意义建构"是学习环境中的四大要素或四大属性。

(1)情境。学习环境中的情境必须有利于学生对所学内容的意义建构。这就对教学设计提出了新的要求,也就是说,在建构主义学习环境下,教学设计不仅要考虑教学目标分析,还要考虑有利于促进学生意义建构的情境创设问题,并把情境创设看作教学设计的最重要内容之一。

(2)协作。协作发生在学习过程的始终。协作对学习资料的搜集与分析、假设的提出与验证、学习成果的评价直至意义的最终建构均有重要作用。

(3)会话。会话是协作过程中不可缺少的环节。学习小组成员之间必须通过会话商讨如何完成规定的学习任务和计划。此外,协作学习过程也是会话过程,在此过程中,每个学习者的思维成果(智慧)为整个学习群体所共享,因此会话是达到意义建构的重要手段之一。

(4)意义建构。这是整个学习过程的最终目标。所谓建构的意义是指事物的性质、规律以及事物之间的内在联系。在学习过程中帮助学生建构意义就是要帮助学生对当前学习内容所反映的事物的性质、规律以及该事物与其他事物之间的内在联系达到较深刻的理解。这种理解在大脑中的长期存储形式就是前面提到的"图式",也就是关于当前所学内容的认知结构。

由以上所述的"学习"的含义可知,学习的质量是学习者建构意义能力的函数,而不是学习者重现教师思维过程能力的函数。换句话说,获得知识的多少取决于学习者根据自身经验去建构有关知识意义的能力,而不取决于学习者记忆和背诵教师讲授内容的能力。

2. 关于学习的方法

建构主义提倡在教师指导下的、以学习者为中心的学习,也就是既强调学习者的认知主体作用,又不忽视教师的指导作用,教师是意义建构的帮助者、促进者,而不只是传授者和灌输者,学生是信息加工的主体,是意义的主动建构者,而不是外部刺激的被动接受者。

学生要成为意义的主动建构者,就要求其在学习过程中从以下三个方面发挥主体作用:(1)要用探索法、发现法去建构知识的意义;(2)在建构意义过程中要求学生主动去收集并分析有关的信息和资料,对所学习的问题要提出各种假设并努力加以验证;(3)要把当前学习内容所反映的事物尽量和自己已经知道的事物相联系,并对这种联系加以认真的思考。

教师要成为学生建构意义的帮助者,要求其在教学过程中从以下三方面发挥指导作用:(1)激发学生的学习兴趣,帮助学生形成学习动机;(2)通过创设符合教学内容要求的情境和提示新旧知识之间联系的线索,帮助学生建构当前所学知识的意义;(3)为使意义建构更有效,教师应在可能的条件下组织协作学习,并对协作学习过程进行引导使之朝着有利于意义建构的方向发展。

3. 建构主义学习理论的主要观点

建构主义在知识观、学生观和学习观等方面提出了一系列新的解释,对当前的教学改革具有重要的启发意义。

(1)建构主义的知识观。

建构主义在一定程度上,对知识的客观性和确定性提出了质疑。建构主义者(特别是其中的激进者)一般强调,知识并不是对现实的准确表征,它只是一种解释、一种假设,它并不是问题的最终答案,相反,它会随着人类的进步而不断地被"革命"掉,并随之出现新的假设;而且,知识并不能精确地概括世界的法则,在具体问题中,我们并不是拿来便用,一用就灵,而是需要针对具体情境进行再创造。因此,老师并不是什么知识的"权威",课本也不是解释现实的"模板"。另外,建构主义认为,知识不可能以实体的形式存在于具体的个体之外,尽管我们通过语言符号赋予了知识一定的外在形式,甚至这些命题还得到了较普遍的认可,但这并不意味着学习者会对这些命题有同样的理解,因为这些理解只能由个体学习者基于自己的经验背景而建构起来,这取决于特定情境下的学习历程。总之,尽管建构主义有不同倾向,但它们都以不同的方式,在某种程度上对知识的客观性、可靠性和确定性提出怀疑,尽管这种知识观过于激进,但它向传统的教学和课程理论提出了巨大挑战,使我们对知识的本质有了更多维的了解。

(2)建构主义的学生观。

建构主义强调学生经验世界的丰富性,强调儿童的巨大潜能。在日常生活和以往的学习中,他们已经形成了丰富的经验,小到身边的衣食住行,大到宇宙、星体的运行,从自然现象到社会生活,他们几乎都有一些自己的看法。有些问题即便他们还没有接触过,没有现成的经验,但当问题一旦呈现在面前时,他们往往也可以基于相关的经验,依靠他们的认知能力(理智),形成对问题的某种解释,这并不都是胡乱猜测,而是从他们的经验背景出发推出的合乎逻辑的假设。

建构主义者强调学生体验世界的差异性,每个人在自己的活动和交往中都形成了自己的个性化的、独特性的经验,每个人都有自己的兴趣和认知风格。所以,在具体问题面前,每个人都会基于自己的经验背景形成自己的理解,每个人的理解往往都着眼于问题的不同侧面。

教学不能无视学生的先前经验,一味从外部引进新知识,而是要把学生现有的知识经验作为新知识的生长点,引导他们从原有的知识经验中"生长"出新的知识经验。教学不是知识的传递(Transmission),而是知识的处理(Transaction)和转换(Transformation)。教师不单单是知识的呈现者,他应该重视学生自己对各种现象的理解,倾听学生现在的想法,洞察学生这些想法的由来,以此为根据,引导学生丰富或调整自己的理解。这不是简单的"告诉"就能奏效的,而是需要与学生共同针对某些问题进行探索,并在此过程中相互交流和质疑,了解彼此的想法,彼此作出某些调整。由于经验背景的差异,学习者对问题的理解常常各异,学习者可以在一个学习社群之中相互沟通、相互合作,形成对问题的丰富的、多角度的理解。因此,学习者的差异本身便构成了一种宝贵的学习资源。

(3)学习的建构性。

建构主义认为,学习不是知识由教师向学生的传递,而是学生建构自己的知识的过程。学习者不是被动的信息吸收者,相反,他要主动地建构信息的意义,这种建构不可能由其他人代替。建构主义充分强调了学习的主动性,强调了学习者以原有知识经验为基础所进行的意义建构,这是当前学习理论的一种重要倾向。

什么是建构呢?"建构"本来用于建筑或木器加工中,指为了某种目的而把已有的零件、材料制成某种结构。在这里,建构在于学习者通过新旧知识经验之间的反复的、双向的相互作用,形成和调整自己的经验结构。在这种建构过程中,一方面学习者对当前信息的理解需要以原有的知识经验为基础,超越外部信息本身;另一方面,对原有知识经验的运用又不只是简单地提取和套用,个体同时需要依据新经验对原有经验本身也作出某种调整和改造,从而实现知识的内化。

## 第六章　体育课程与信息技术整合的基本理论构建

学习的实质是学习者通过新旧知识经验之间的双向的相互作用来形成、充实或改造自己的经验体系的过程。这种观点与以往的学习理论有所不同。学习是个体建构自己的知识的过程，这意味着学习是主动的，学习者不是被动的刺激接受者，他要对外部信息进行主动的选择和加工，因而不是行为主义所描述的S—R过程。而且，知识或意义也不是简单由外部信息决定的，意义是学习者通过新旧知识经验间反复的、双向的相互作用过程而建构成的，其中，每个学习者都以自己原有的经验系统为基础对新的信息进行编码，建构自己的理解，而且原有知识又因为新经验的进入而发生调整和改变，所以学习并不单是信息的量的积累，它同时包含由于新旧经验的冲突而引发的观念转变和结构重组，学习过程并不单是信息的输入、存储和提取，而是新旧经验之间的、双向的相互作用过程。因此，建构主义又与认知主义的信息加工论有所不同。

（4）协作与会话。

以往的学习理论主要研究的是"个体化"的学习，即学习是在个体身上发生的、以个体活动形式完成的。受维果斯基的影响，建构主义者强调社会性互动（协作、讨论、协商、争辩等）在学习中的重要意义，可以说，这也是学习理论的一种重要倾向。

建构主义认为，每个学习者都有自己的经验世界，不同的学习者可以对某种问题形成不同的假设和推论，而学习者可以通过相互沟通和交流，相互争辩和讨论，合作完成一定的任务，共同解决问题，从而形成更丰富、更灵活的理解。同时，学习者可以与教师、学科专家等展开充分的沟通。这种社会性相互作用可以为知识建构创设一个广泛的学习社群（Learning community），从而为知识建构提供丰富的资源和积极的支持。

（5）学习的情境性。

传统教学对学习基本持"去情境"的观点，认为知识一旦从具体情境中抽象出来，成为概括性的知识，它就具有了与情境的一致性，反映了具体情境的"本质"。因此，对这些概括性知识的学习可以独立于现场情境而进行,而学习的结果可以自然地迁移到各种真实情境中。然而,情境总是具体的、千变万化的,各种具体情境之间并没有完全普适的法则。因此,抽象概念、规则的学习往往无法灵活适应具体情境的变化,学习者常常难以用学校获得的知识解决现实世界中的真实问题。

布朗(J. S. Brown)等提出了"情境性学习"(Situated Learning)的概念。他们认为,传统教学暗含了这样一种假定,即概念性的知识可以从情境中抽象出来,因此,概念表征成了教学的中心。而实际上,这种假定恰恰极大程度地限制了教学的有效性。他们认为,在非概念水平上,活动和感知比概括化具有更为重要的认识论意义上的优越性,所以,人们应当把更多的注意力放在具体情境中的活动和感知上。布朗等人提出了"认知学徒模型"(Cognitive Apprenticeship),试图借鉴某些行业中师傅带徒弟的有效传艺活动,通过一些与这种传艺方式相类似的活动和社会交往形式,使学生适应真实的实践活动。他主张通过在真正的现场活动中获取、发展和使用认知工具来进行特定领域的学习,强调要把学习者和实践世界联系起来。可以说,情境性学习的观点突出了学习的具体性和非结构性的一面,是对布鲁纳等结构主义观点的扬弃。

与情境性学习相一致,建构主义者在教学中强调把所学的知识与一定的真实任务(Authentic task)情境挂起钩来,比如医学中的具体病理、经营管理中的实际案例等,让学生合作解决情境性的问题。情境性教学具有以下特点:首先,学习的任务情境应与现实情境相类似,以解决学生在现实生活中遇到的问题为目标。学习的内容要选择真实性任务,不能对其做过于简单化的处理,使其远离现实的问题情境。由于具体问题往往都同时与多个概念理论相关,所以,研究者主张弱化学科界限,强调学科间的交叉。其次,教学的过程与现实的问题解决过程相类似,所需要的工具、资料往往隐含于情境当中,教师并不是将已准备好的内容教给学生,而是在课堂上展示出与现实中专家解决问题相

## 第六章 体育课程与信息技术整合的基本理论构建

类似的探索过程,提供解决问题的范式,并指导学生的探索。最后,情境性教学需要进行与学习过程相一致的情境化的评估(Context-driven evaluation),或者融合于教学过程之中的测验的融合式测验(Integrated test),在学习中对具体问题的解决过程本身就反映了学习的效果。

4. 建构主义的教学观

从建构主义学习观引申出来的教学原则强调教学不单单是把知识经验装到学生的头脑中,而是要通过激发和挑战其原有知识经验,提供有效的引导、支持和环境,帮助学生在原有知识经验的基础上建构起新的知识经验。不同于基于行为主义和认知主义的教学,基于建构主义学习理论的教学具有以下特点。

(1)设计真实的、复杂的任务或问题。
(2)提供方法的引导和支持。
(3)创设开放的、内容丰富的、挑战性的学习环境。
(4)创建互动、合作的学习共同体。
(5)强调整体性教学。

由以上可见,建构主义的教学方法尽管有多种形式,但是又有其共性,即它们的教学环节中都包含有情境创设、协作学习,在协作、讨论过程中当然还包含"对话",并在此基础上由学习者自身最终完成对所学知识的意义建构。

综上所述,建构主义强调知识的动态性,强调学习者经验世界的丰富性和差异性,强调学习的建构性、社会性和情境性。当然,以上各种倾向变化并不是机械的、绝对化的,而是在处理学习活动中的各种矛盾关系时所出现的重心变化。在批判传统教学观的弊端时,建构主义在一些维度上也走向了极端。但它强调知识的动态性,强调学习是一个主动建构的过程,强调学习的社会性和情境性,试图实现学习的广泛而灵活的迁移,这些观点对转变教学观念、改革传统教学具有重大意义。基于这些观点,建构主义者提出了一系列具有建构性特征的教学模式,如抛锚式教学模式、支架式教学模式、随机通达式教学模式、基于问题的学习(Problem-Based Learning)和基于项目的教学(Project-Based Instruction)等等。

　　建构性学习和教学旨在使学习者对知识形成真正的、深层的、灵活的理解。为此，教师需要就学习内容设计出有思考价值的、有意义的问题，引导学生通过持续的概括、分析、推论、假设、检验等高级思维活动，建构起与此相关的知识。在此过程中，教师要更多地帮助学习者对自己的学习策略、理解状况，以及见解的合理性等进行监视和调节。为了促进学习者的知识建构，教师要创设平等、自由、相互接纳的学习气氛，在教师—学生以及学生—学生之间展开充分的交流、讨论、争辩和合作，教师要耐心地聆听学生的想法，以便提供有针对性的指导。另一方面，教师要为学生设计情境性的、多样化的学习情境，要帮助学生利用各种有利的建构工具来促进自己的知识建构活动。建构性教学更可能突破传统教学的局限，一方面使学生建构起真正的、灵活的知识，提高理智的自主性和批判性，另一方面也可以促进他们解决问题能力的发展，并在问题的发现与解决中不断发展他们的求知欲和求知能力。在这样的视野之下，现代教育技术所能提供的不仅是传输信息的媒体，而且是促进学生认知建构的思维工具，是一个促进合作性知识建构的、动态的、开放的学习环境和学习平台。

## 二、多元智能理论

　　多元智能理论是目前在世界教育领域里被广泛传播并对当前各国教育改革产生重要影响的理论。该理论之所以能够在国际教育界得到迅速广泛的传播和接受，一个重要的原因是它的基本思想符合当前教育改革的主导思想，其为帮助教育实践者进一步充分认识和发挥每个学生的潜在能力提供了一个新颖的有力的理论依据。现代信息技术不仅为信息技术与课程整合的开展

## 第六章 体育课程与信息技术整合的基本理论构建

提供了基础,同时也为学生多元智能的发展提供了有力支持。

（一）多元智能理论概述

霍华德·加德纳对人类认知能力的发展进行了多年的研究,他认为人的智能是多元的。在 1983 年出版的《智力的结构:多元智能理论》一书中,加德纳定义了最初的七种智能。1996 年,他又增加了一种智能——自然观察者智能。两年后,又讨论了第九种智能(存在智能)存在的可能性。下面我们就来了解一下加德纳提出的九种智能的主要内涵。

1. 言语/语言智能(Verbal/linguistic intelligence)

言语/语言智能包括各种和语言相关的形式:听、说、读、写和交流的能力,指人对语言的掌握和灵活运用的能力,表现为个人能顺利而有效地利用语言描述事件、表达思想并与他人交流。演说家、律师等都是语言智能较高的人。

2. 逻辑/数理智能(Logical/mathematical intelligence)

逻辑/数理智能指的是对逻辑结构关系的理解、推理、思维表达能力,主要表现为个人对事物间各种关系如类比、对比、因果和逻辑等关系的敏感,以及通过数理进行运算和逻辑推理等。科学家、数学家或逻辑学家就是此类智能高的人。

3. 视觉/空间关系智能(Visual/spatial intelligence)

视觉/空间智能指的是人对色彩、形状、空间位置等要素的准确的感受和表达的能力,表现为个人对线条、形状、结构、色彩和空间关系的敏感,以及通过图形将它们表现出来的能力,如海员和飞机导航员控制着巨大的空间世界,棋手和雕刻家具有表现空间世界的能力。空间智能可用于艺术或科学中,如果一个人空间智能高且倾向于艺术,就可能成为画家、雕刻家或建筑师。

### 4. 音乐/节奏智能(Musical/rhythmic intelligence)

音乐/节奏智能指的是个人感受、辨别、记忆、表达音乐的能力,表现为个人对节奏、音调、音色和旋律的敏感,以及通过作曲、演奏、歌唱等形式来表达自己的思想或情感。这种智能在作曲家、歌唱家、演奏家等人身上表现得特别明显。

### 5. 身体/能动智能(Bodily/kinesthetic intelligence)

身体/能动智能指的是人身体的协调、平衡能力和运动的力量、速度、灵活性等,表现为用身体表达思想感情的能力和动手的能力,最典型的就是从事体操或表演艺术的人。

### 6. 人际交往智能(Interpersonal intelligence)

人际交往智能指的是对他人的表情、说话、手势动作的敏感程度,以及对此做出有效反应的能力,表现为个人觉察、体验他人的情绪、情感并做出适当的反应。对于教师、临床医生、推销员或政治家来说,这种智能尤为重要。

### 7. 内省智能(Intrapersonal intelligence)

内省智能指的是个体认识、洞察和反省自身的能力,表现为个人能较好地意识和评价自身的动机、情绪、个性等,并且有意识地运用这些信息去调适自己生活的能力。这种智能在哲学家、小说家、律师等人身上有比较突出的表现。

### 8. 自然观察者智能(Naturalist intelligence)

自然观察者智能指的是人们辨别生物(植物和动物)以及对自然世界(云朵、石头等)的其他特征敏感的能力。这种智能在人类进化过程中显然是很有价值的,如狩猎、采集和种植等,同时这种智能在植物学家和厨师身上有重要的体现。

9. 存在智能(Existence intelligence)

陈述、思考有关生与死、身体与心理世界的最终命运的倾向性,如人为何要到地球上来,在人类出现之前地球是怎样的,在另外的星球上生命是怎样的,以及动物之间是否能相互理解等。

加德纳认为,传统的教育比较重视前两个方面的智能,但实际上每个学生都在不同程度上拥有上述九种基本智能,智能之间的不同组合表现出个体间的智能差异,因此应该平等关注每一个学生。教育的起点不在于一个人有多么聪明,而在于怎样变得聪明,在哪些方面变得聪明。教育不是为了发现谁是学习的无能者,而是要发挥学生的潜能。加德纳认为,智能并非像传统智能定义所说的那样是以语言、数理或逻辑推理等能力为核心的,也并非是以此作为衡量智能水平高低的唯一标准,而是以能否解决实际生活中的问题和创造出社会所需要的有效的产品的能力为核心的,这也是衡量智能高低的标准。因此,智能是个体解决实际问题的能力和生产出或创造出具有社会价值的有效产品的能力。为此,加德纳承认每个人都或多或少拥有这九种多元智能,这九种智能代表了每个人不同的潜能,这些潜能只有在适当的情境中才能充分地发挥出来。这一全新的智能理论对于学校教育具有重要的意义。

(二)多元智能理论的要点

加德纳除了论述多元智能及其理论框架之外,还对多元智能的本质特点等进行了论述。

(1)每个人都同时拥有这九种智能。多元智能理论不是一个"类型理论",即确定某人的智能符合哪一种智能类型,而是一个认知功能理论。此理论提出每个人在九种智能方面都具有潜质。当然,这九种智能以多种方式起作用,但对每个人而言,作用方式是独特的。个别人似乎在所有智能或大部分智能方面处于极高水平,如德国诗人、政治家、科学家、自然观察家、哲学家歌德。另外一些人，如那些特殊机构中的、在发展过程中致残的人，看起来几乎丧失了除基本智能外的大部分智能。大多数人只是介于这两个极端之间——某些智能方面有较高的发展，某些智能方面适度发展，剩下的智能方面则未开发。

（2）大多数人是有可能将任何一种智能发展到令人满意的水平的。虽然个体可能会抱怨自己在某一指定领域缺乏能力，并会认为是天生的、不可改变的，而加德纳却认为如果给予适当的鼓励，提供丰富的环境与指导，实际上每个人都有能力将所有九种智能发展到一个相当高的水平。

（3）这些智能之间通常以复杂的方式共同起作用。加德纳指出，以上所描述的每一种智能实际上都是一个"虚构故事"，即在生命中智能本身并不存在（但极少数情况下，可在专家或脑损伤的个体身体上发现）。这些智能间通常是相互作用的。当一个孩子在踢球时，他需要身体/能动智能（跑、踢、投）、空间智能（在球场中找到自己的位置，并预测球飞来的轨道）及言语/语言智能和人际交往智能（在比赛的某次争执中，成功地争到1分）。出于检验每种智能的重要特征、学习如何有效地运用这些智能的目的，多元智能理论中所包括的各种智能已经超越了具体背景。我们必须注意的是，在完成对于智能形式的研究之后，应将这些智能放回到它们所特有的文化价值背景中去。

（4）每一种智能类别都存在多种表现形式。在某特定领域中，不存在标准化的、必然被认为是具有智慧的属性组合。因此，一个可能不会阅读的人，由于故事讲得很棒或具有大量的口语词汇而具有较高水平的言语能力。同样，一个人可能在比赛场上很笨拙，但当他织地毯或做一个嵌有棋盘的桌子时，却拥有超常的身体/能动智能。多元智能理论强调了智能表现方式的丰富多样性，人们在某种智能中及多种智能间展现着他们的天赋。

（5）存在其他智能的可能性。加德纳的多元智能理论是一个比较宽泛的智能体系。加德纳指出，他的模型只是一个暂时性的系统化陈述，也许经过更进一步的研究与调查后，某些智能可能

## 第六章 体育课程与信息技术整合的基本理论构建

不会完全满足相关的标准,而不再具备智能的资格。另一方面,我们可能会鉴别出某些满足相关特点的新的智能类型。因此,人类智能不应局限于他所确认的九种类型,个体到底有多少种智能是可以改变的,随着支持或不支持某一智能的科研成果的出现,可能会使原有的九种智能增加或减少。

### (三)多元智能理论和信息技术与课程整合

信息技术与课程整合是实施教育教学改革、促进基础教育跨越式发展、培养创新人才的一种途径。实施信息技术与课程整合,必须要以先进的教育理论为指导。对于如何实施信息技术与课程整合,建构主义理论与多元智能理论提供了基本的理论指导。建构主义理论为信息技术与课程整合中新型教学结构的创建提供了理论支持;而多元智能理论为信息技术与课程整合中"创新精神和实践能力"的培养目标提供了方向。多元智能理论认为智力是多元化的,即智力不是一种能力,而是一组能力。智力不是以整合的方式存在而是以相互独立的方式存在的。因此,多元智能理论强调,在实施信息技术与课程整合时要注重发展学生的多种智能。而在多种智能发展的同时,促进其优势智能的发展,从而做到全面发展与个性发展的统一。在多元智能理论指导下实施信息技术与课程整合就是要通过营造一种数字化的学习环境,建立一种"主导—主体相结合"的教学结构,促进学生多元智能的发展,培养具有解决实际问题能力和创新能力的新型人才。

多元智能的发展需要在丰富多样的活动情境中展开。在学科教学中,运用信息技术为学习者创设丰富多样的学习环境,可以更好地适应不同学习者的学习风格和学习需求,更好地促进学习者的个性化的发展。表6-1说明了信息技术在促进多元智能发展方面的作用。

表 6-1　信息技术运用对多元智能发展的促进

| 智能类型 | 信息技术运用 |
| --- | --- |
| 言语语言 | 文字处理软件、电子邮件软件、网页创作、多媒体演示工具、外文软件、故事光盘、打字帮手、台式电脑、电子图书馆、文字游戏/软件等 |
| 数理逻辑 | 数学技能指南、计算机辅助设计、电子制表软件、制图工具、数据库、逻辑性游戏、科学程序软件、批判性思维软件、问题解决软件 |
| 视觉空间 | 动画程序、3D建模语言、剪辑艺术应用软件、计算机辅助图像、数字照相机和显微镜、绘图和制图软件、电子象棋比赛、建模工具、研究组、空间难题解决比赛、电子难题包、几何学软件、数字想象/图形程序软件、虚拟课件 |
| 肢体运动 | 计算机接口的实用结构包、模拟运动游戏、虚拟现实系列软件、眼—手协调游戏、接通计算机的工具、触觉设备等 |
| 音乐韵律 | 音乐文化辅助软件、唱歌软件(声音合成器)、音调识别和旋律增强器、音乐乐器数字接口、创造自己的音乐节目等 |
| 人际沟通 | 电子公告栏、模拟游戏、电子邮件程序等 |
| 自我认识 | 个人化选择软件、职业咨询服务软件、任何可自定步调的软件、可下载的多媒体应用程序等 |
| 自然观察 | 科普性软件、自然界声音或图像文件、植物/动物的分类软件、动物声音辨认软件、地球科学软件等 |

综上所述,多元智能理论对我国基础教育改革有重要的指导作用。在多元智能理论的指导下,实施信息技术与课程整合,能够促进学生多元智能的发展,培养出具有解决实际问题能力和创造新产品能力的创新人才。因此,认真探索多元智能理论指导下的信息技术与课程整合,实现基础教育跨越式发展,具有深刻的现实意义。

## 三、混合式学习理论

信息技术与课程整合明显区别于将信息技术作为辅助工具的用法,而重点在将信息技术作为促进学生自主学习的认知工具和情感激励工具,利用信息技术所提供的自主探索、多重交互、合作学习、资源共享等学习环境,以此调动学生学习的主动性。这一过程中,教师的引导也是非常必要的,如此让教师更能展现教的能力,也能让学生感受到在数字化条件下的学习的快乐。同时,二者的整合还强调了将传统学习方式的优势与数字化学习有机结合,这为多重教育目标的实现提供了便利。在这方面,混合式学习理论为信息技术与课程整合提供了更好的理论指导。

(一)混合式学习提出的背景

混合式学习出现的背景要追溯到20世纪90年代初。这一时期,信息技术获得了飞速发展,基于信息技术的E-Learning被创造出来,并且风靡全球。在美国教育界中曾经出现过一次"大论战",论题就是没有围墙的大学(网络学校)是否会取代传统大学。在20世纪90年代中期以前,对这一主题辩论并没有分出明显的胜负,持两种观点的对立方难以达成共识。随着互联网的出现并在多个领域中的运用(包括教育领域),逐渐改变了许多人的看法,更多的人们看到了E-Leaning价值及良好的发展前景。不过,大多数人仍旧认为E-Leaning完全取代传统教学是不太可能的事情,更多的应该是发挥较大地改变课堂教学的目的和功能。由此,混合式学习(Blending Learning)就此诞生。与此同时,人们在对建构主义在教学应用的反思中也开始认识到该理论尽管可以解决教育中的一些问题,但有些问题仍旧不能通过该理论解决。

通过对"Blending Learning"的概念的具体解析可知,"Blending"一词的意义是混合或结合,直译"Blending Learning"一词得出的意思就是混合式学习或结合式学习,即多种学习方式的结合。例如,将用多媒体方式展现的学习方式与用传统粉笔黑板的学习方式相结合;计算机辅助教学方式与传统的教师口述教学方式相结合等。

混合式学习这一新的学习概念一经提出,众多专家学者就对其内涵进行了广泛研究与讨论,并给出了各自不同的理解。

(1)混合式学习的核心是通过运用各种与教学相匹配的技术来适应学生的学习,由此形成在适当的时间,用适当的方式,向适当的学生传授知识或技能的最优化教学活动。混合式学习在教学中涉及的方面很多,它包括离线学习和在线学习的结合、自主学习和协作学习的结合、工作和学习的结合、结构化学习和非结构化学习的结合等。(Harvi Singh & Chris Reed,2001)

(2)混合式学习是指基于网络的技术,混合各种教学方法,使各种形态的教学技术和面对面教师引导下的训练相结合,以及使教学技术和实际工作任务相结合。(Driscoll,2002)

(3)混合式学习中包括三个层面含义:第一是传统学习和在线学习的整合;第二是 E-Learning 学习环境中使用到的媒体和工具的整合;第三是多种教学方法、学习技术的整合。(Whitelock & Jelfs,2003)

上面三种对信息技术与课程整合的表述尽管在文字上有所不同,但描述的内容上基本都指向了一个前提,即都认为混合式学习比单一式的学习在长期学习的情况下具有优势。简单来说,混合式学习本质的核心就是对特定的内容和学生用适合教学内容传输和学生学习的技术手段来呈现与传输。

(二)混合式学习对信息技术与课程整合的指导意义

1. 为信息技术与课程整合的教学设计提供了新的思路

受制于传统教学的理念和模式,针对教学所做的教学设计历来都是围绕着教师的"教为主"进行的。由于长时间的实践,使得不论是教师还是教学设计者都更为熟悉这套设计思路。不过通过研究不难发现,基于传统教学理念下的教学设计总是会将重点放在"教学"上,这就必然使得教师在教学活动中的地位更加突出,突出循序渐进、按部就班、精细严格地运用系统的方法对教学进行设计。当然,这套方式能够沿存很长时间就必定有它的优

# 第六章 体育课程与信息技术整合的基本理论构建

势,其优势就在于方便教师对教学的组织和控制,这对于科学知识传授的系统性来说是有好处的。但其弊端也是明显存在的,即过分强调教师对课堂的主宰会忽视学生的主体地位,长远来说,不利于学生的自我思考和创新思维的培养。如此一来,以学为主的教学设计就逐渐发展起来了。而这种设计更多关注的是以学生为主体的学习过程,这让学生也成了学习活动的主动建构者。不过,在此之后也要注意给学生学习的自由度以一个范围,确保这种自由度不会对教师、对课堂的基本控制失效。

"主导+主体"(教师与学生)的教学设计思想是上述两种教学设计的互补。这种教学设计分别取建构主义学习理论与认知主义学习理论各自的优势,剔除了其两者的劣势,强调在教学中既要发挥教师的主导和控制作用,也要照顾到学生的主体地位,进而形成学生在教师的启发和引导下开展自由度更高、选择面更广的学习。

## 2. 将绩效的观念渗透到课程整合中

从混合式学习的目标——促进学习以及混合式学习理念——对所有的可利用学习要素进行合理选择和组合中可获得的启示为,如果将绩效的观念加入信息技术与课程整合之中,会使整个系统的运行更为高效。为此,对于信息技术课程的设计应该以了解学习者特征为基础,然后才是对媒体、教学理论的选择以及优化,其目的就在于要使为学习付出的成本和所获得的成果实现最大性价比。不难看出,将混合式学习运用在教学中就能体现这种绩效观念。

混合式学习给现代教学形态所带来的改变是巨大的。这种学习方式通过对其他学习方式的取长补短,为学习过程中的各种因素"适当"地搭配在一起提供了可能,从而具备了超越其他单一学习方式的优势和特色。相信在现代和未来,随着教师传统教学观念的转变以及混合式学习课程设计的理论不断完善和创新,这一优势众多的学习形式必将给课堂教学带来高效且优化的效果。

# 第三节 体育课程与信息技术整合的基本思路

## 一、创新信息技术教育观念

创新信息技术教育观念可以调动学生体育学习的热情,培养学生终身体育意识,有效提高学校体育教学的效果,方便教学目标的达成。然而,要想将体育课程与信息技术进行整合,体育教师首先要转变观念,一改传统的教学理念为融入了大量信息技术的新型教学理念。其次,在开展体育教学时争取在各个环节中都尝试融入信息技术,展现技术优势,从而构建成一套系统、完善的体育教学信息资源平台。

## 二、丰富和创新体育教学手段

在信息技术的加持下,现代体育教学可以借此制作形式多样、内容丰富、用途灵活的教学课件。通过在教学中向学生展示课件,可以更加直观地了解传统教学中的重点难点内容,特别是一些运动项目中的快速的、复杂的动作,可以通过慢放分解的方式清晰展现,这无疑会让学生更容易地掌握技能,也便于教师引导和鼓励学生通过交流与讨论来开展探究性体育学习,这之于体育教学目标的达成注定是高效的。

例如,在教授单手肩上投篮动作时,可以通过正误视频慢放进行对比,让学生直观了解到自己的动作中是否有错误,并模仿正确的动作。此时,再配合上教师的针对性讲解,自然使学生的技术提升更快、更高效。

## 三、借助信息技术培养学生合作意识

信息技术应用在体育教学之中有助于为学生搭建起一个良好的交流与沟通平台,这为各种合作性学习方法的实现提供了可能。合作性学习方法已经被证明是非常适合学生学习的,它不仅可以培养学生的团队合作意识,而且还可以有效提高学生的体育学习效果。其在体育教学中的应用主要为结合不同学生的特点和特长对学生进行分组,布置相应教学内容,当学生们完成小组的教学任务的同时,也逐渐培养出了团队感情,并体验到合作的乐趣。

例如,在进行足球教学的过程中,教师可以根据学生的不同性格和技术特长,将学生分为进攻组和防守组,并分别布置给他们进攻任务和防守任务,并鼓励他们在解决问题时多采用信息技术的方法。在这样的团队合作研究学习下,每个小组成员都有各自的任务,使得他们必须为了合作而思考和发挥自己的价值,这对学生的全面发展来说也是极为有益的。

## 四、加强对于教师相关信息技术能力的培训

体育教师是体育教学活动的主导者、组织者和管理者。因此,要想实现信息技术和体育教学课程的整合,体育教师就首先需要提升自我,尽快具备相关信息技术的能力,这是二者整合的关键保障。由于信息技术与体育课程的整合其目的最终在于提升体育教学效果,因此,在培养教师信息技术能力的过程中就要将相关的体育教学实践理念渗透其中,力求使技能培养过程理论结合实际。具体的培训方法可以为短期面授的方式,也可以是线上开展远程培训的方式。此外,还要建立起一个可供教师们相互交流的社交平台,让体育教师们能够通过经验分享等方式不断优化教学模式,提升教学质量。

## 五、营造直观生动的教学氛围，激发学生学习兴趣

在体育教学与计算机、声像、通信等信息技术融为一体后，彼此促进、彼此辅助，共同构成新形势的体育教学，这使教学信息得以高效传输与反馈，从而帮助学生以更加直观、细致、多感联动的方式展开学习。这将是前所未有的体育教学体验，信息教育与体育教学相结合特别能发挥出信息技术的优势，以解决传统体育教学中的重点难点问题。如此一来，体育教师在注重信息技术与体育教学的整合之后，既能营造出有利教学的氛围，又能令学生专心致志地关注课程中的每个环节，激发他们的学习兴趣，进而更高效地完成教学任务，达到教学目标。

例如，在乒乓球教学课程中，教师可以播放世界优秀选手的慢动作视频，一帧一帧讲解动作的细微运动方式，并就此结合运动员的技术特点和实际战术应用效果，如此会让学生对技术动作乃至整个运动有更深的了解，运动兴趣也就会不断被激发出来。

## 六、有效掌握动作技术概念，提高学生运动能力

将信息技术融入体育教学之中，可以充分发挥图、音、视等多媒体的功能，使学生获得直观的学习体验，促进了其对时间、空间和技术动作的感知能力，提升了学习效率。这点对一些技战术较为复杂的运动项目教学格外有帮助，在信息技术的协助下，教师可以将以往逐一进行技术动作讲解和演示的过程通过声形并茂、情景交融的视频进行直观而规范的演示。这一方面可以节约教师的授课时间与精力，另一方面还能使学生对技战术内容的学习与掌握更加准确。由此可见，信息技术为现代体育教学提供了有益补充[①]。

---

① 尹静阳. 现代信息技术与初中体育教学的整合措施探讨[J]. 当代体育科技，2018,8(24):131+133.

第六章 体育课程与信息技术整合的基本理论构建

## 七、打破时间与空间局限性，增强师生互动交流

信息技术与体育课程整合实际上是为体育教学搭建起了一个全新的平台。通过这个平台，体育教学已经获得了升级，成为不受时间与空间限制的教学活动。教师可以将自己制作的课件、图片、视频上传到平台供学生随时查询和学习，学生也可以充分利用平台搜寻到自己所需的信息。如此一来，体育教学信息得到了无限延伸，这也为师生互动打下了硬件基础。在如今提倡的"大体育"教育的观念影响下，信息技术与体育教学的整合为体育教师扩大了教学范围，成了既能对学生进行正确的体育锻炼指导，还能引导学生展开对体育、社会及自我认知的形式，切实做到了促进学生的个性化发展。

例如，体育教师可以通过网络平台将教学内容中涉及的运动项目技战术的难点进行充分地、多角度地分析，或者自拍一段动作讲解视频，使学生随时随地根据需要浏览，如有问题可在评论区留言。这是现代非常流行的一种网络互动形式，也应在信息化的体育教学中有所尝试。

# 第四节 体育课程与信息技术整合的常见模式

就体育课程与信息技术的整合来说，常见的有以下三种模式。

## 一、信息技术课程模式

信息技术课程模式的最大意义在于它便于学生正确认识、学习和掌握信息技术，以此来使体育教学更加高效。在当前信息化

社会的大背景下,培养学生的信息技术意识与能力是符合社会发展潮流的,这是一个循序渐进的长期过程,需要可持续性地培养。在课程整合理念下,信息技术课程模式因具体操作流程的不同而显示出一定的差异。

### (一)带疑探究—讲授示范—动手操作型

(1)教师要根据课程教学的目标来找到一个或几个富有探索性的问题,然后将问题以适当的时机和方式向学生提出,并引导他们利用已有的信息技术找寻解决问题的方法。

(2)教师利用分解法,将问题由一分多,细致讲解每一个小问题,并进行必要的问题解决示范。

(3)学生通过教师的讲解与示范开始尝试解决问题,在这一过程中如果遇到新的问题便开始思考及向教师提出问题,得到解答后再行操作,直到问题得到解决,最终掌握了知识和技能。

(4)教师评价学生的学习表现,学生之间也要进行互评。

### (二)任务驱动—协作学习型

(1)教师以教学内容中的重点和难点为依据,灵活设计信息技术的教学任务和目标。对于任务的设计要遵循由易到难、由简到繁、由外到内。

(2)教师给学生布置教学任务,然后让学生自由选择自己的合作伙伴来共同协作开展研究。学生在研究学习的过程中对所获得的一切信息和资料都要注重和同伴分享,一起讨论,一起研究。

(3)教师对学生的学习活动进行总结性评价。考察的重点在于学生对信息技术的应用能力。

## 二、信息技术与其他学科的整合模式

在信息技术与其他学科的整合模式中,信息技术只适用于开展教学活动的工具。在其辅助之下,体育教学课堂呈现出了如下

## 第六章 体育课程与信息技术整合的基本理论构建

几种常见表现形式。

### (一) 自主—监控模式

自主—监控模式的教学地点是在建立了网络的教室里。具体学习模式为，学生将教师提供的教学资源利用起来进行学习，教师则观察学生的学习过程。为了给学生创造良好的自由氛围，教师可在教室外通过监控观察。当教师发现学生在某环节中遇到问题，则应适当提供帮助。在自主—监控模式中，学生可根据需要使用网络资源。自主—监控模式的实施程序如下。

(1) 教师根据教学目标对教材予以分析，然后以教师认为的最理想的方式向学生呈现教学内容。

(2) 学生在接受了学习任务后，需利用相关资料或信息进行独立学习或协作学习。在此过程中，教师的任务是观察、监督，并在必要的时候提供适当的指导。

(3) 教师对学生的学习活动进行总结性评价，总结评价具体到个人。

### (二) 群体—讲授模式

群体—讲授模式是面向多数人（通常为一个班）进行教学的模式。在这种模式下应用的信息技术只是作为一种教学手段出现。该模式的特点主要如下。

(1) 集文字、图片、声音、图像等多媒体展现教学内容于一身，让学生对体育课堂教学活动有更为直观的认识和理解，而不再是过往的那种过于抽象的感觉。

(2) 使用便捷、简单、易操作，如此得以将教学内容快速、及时地呈现出来，这无疑大大提高了体育教学的效率。

(3) 过往教学中那种宏观微观以及时空间等因素都不再成为限制，如此更加方便教师对教学重难点的把控与教学。

群体—讲授模式的实施步骤如下。

(1) 教师在备课阶段就要全面掌握教学内容，并对教学中需要的图片、视频等资料细致选择,对需要演示的课件要设计得当。

(2)教师努力创设教学情境,将教学信息展示给学生,引导学生思考。

(3)教师对教学活动做总结性评价。

(三)讨论型模式

讨论型模式是教师与学生通过网络进行的实时或非实时交流的一种教学模式。对于这种模式的应用,通常是由教师提出某一问题,然后由学生主要讨论问题。对于学生的讨论,教师要一一听取,这是了解学生学习思维和发现其中问题的好机会。如果发现问题,教师要及时指导。这是一种对学生非常友好的教学模式,不过需要耗费一些时间,教学效率相对较低。该模式的基本步骤如下。

(1)教师根据教学目标对教材予以分析,然后以教师认为的最理想的方式向学生呈现课件或网页类的教学内容。

(2)学生接受任务后,由教师指导查阅资料或信息进行独立学习或合作学习。要确保在完成学习任务的过程中使用信息技术。

(3)教师要对学生的讨论予以总结,学生间也可以互评,当然也可以评价教师的一些观点。

在讨论型模式中,教师要始终尊重学生的主体作用,要允许学生发散思维,对学生的一些奇异思维不要打断,而要做到先倾听,这是鼓励他们尝试创新的良好开始。

## 三、研究型课程——信息技术是学习工具

研究型体育课程与当下常见的科学研究的方法已经非常接近了。学生在这种模式的课程中利用信息技术作为工具来分析、归纳、整理各种资料,找寻对解决问题有帮助的信息。

研究型课程中的整合任务是课后的延伸,超越了传统的单一学科学习的框架,它会根据学生个体的认知水平以主题活动的形

## 第六章 体育课程与信息技术整合的基本理论构建

式呈现生活中的一些问题,以此激发学生的研究兴趣,并完成相应的学习任务。

学生在研究型课程模式中的学习,在设计研究方案、实施方案以及完成任务等环节中都享有相当高的自由度,教师更多只是在选题和资料收集环节中提供些许帮助,如此更能突出学生的主体性和参与性。不过,教师提供的帮助仍旧是不可或缺的,甚至这可能决定学生研究型学习最终的成败。

在了解了上述三种体育课程与信息技术整合的常见模式之后可知,将信息技术与体育课程进行整合的确大大提高了体育教学活动的效率,并且这也是使整个体育教学系统保持协调一致的重要方法。

# 第七章 体育课程教学与信息技术深度融合的科学探索

在信息时代,信息技术的迅猛发展给当代体育教育思想观念、方法等带来了强烈的冲击。信息技术与体育教学的深度融合是教育信息化发展的必然趋势。信息技术对体育课程教学的影响不能只停留在"整合"阶段,而要深深融入体育课程教学的方方面面,在深层次上改善体育教学,实现体育教学系统的结构性变革,这是一个从量变到质变的过程。本章就重点对体育课程教学与信息技术的深度融合进行探索,主要内容包括信息化体育教学环境的创建、信息化体育课程教学的科学设计、信息化体育学习资源的开发与管理以及先进信息技术在体育课程教学中应用的典型分析。

## 第一节 信息化体育教学环境的创建

### 一、信息化教学环境的概念与分类

(一)信息化教学环境的概念

信息化教学环境指的是在现代教育理论的指导下,为满足信息化教学活动的需要充分利用现代信息技术所建立的诸多客观条件和力量的综合。[1]

---

[1] 张文兰.信息技术与课程整合[M].西安:陕西师范大学出版社,2012.

第七章　体育课程教学与信息技术深度融合的科学探索

## （二）信息化教学环境的分类

按照信息化教学环境的不同功能，可以将其划分为两种类型，一是教学支持环境，指的是支持教师教学活动与学生学习活动的各种客观条件的综合；二是教学资源环境，指的是为教师备课与交流提供支持，为师生教与学提供重要资源与服务的诸多条件的综合。

信息化教学环境的分类如图7-1所示。

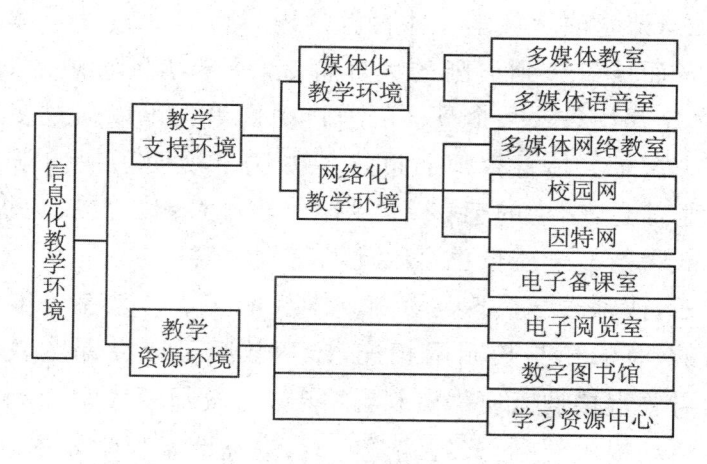

图 7-1　信息化教学环境的分类

## 二、媒体化体育课程教学环境的创建

将媒体化教学环境应用于体育课程教学中具有重要意义，在体育课程教学中，以传统教室为基础，有机组合诸多类型的教学媒体，通过屏幕投影将生动形象的多媒体教学信息如图片、视频、音频等直观呈现给学生，以优化体育教学过程，提高体育教学效果。

多媒体教室（多功能教室、多媒体综合教室、多媒体演示教室）是体育课程教学中运用最多的一类媒体化教学环境，也是比较新型的课堂教学系统之一，它集中了很多现代化的教学设备，教师在课堂上运用这些教学设备资源将丰富的教学内容直观呈现出来,使学生更加直观地认识教学内容,并加深对教学内容的记忆。

多媒体教室的功能有很多,结合体育课程教学,下面主要列举其中几个主要功能。

第一,综合教学。不管是传统的常规体育教学,还是多媒体体育教学,都可以在多媒体教室完成,这是多媒体教室综合性特征的重要体现。

第二,课堂演示教学。体育教学内容可以通过多媒体教室的教学设备而被投影到清晰的大屏幕上,便于学生直观地观察、学习,体育比赛场景或某个具体的项目动作等也可以通过多媒体系统来模拟演示。体育教师通过这种方法直观明了地向学生传递体育教学信息,学生的感官受到刺激,学习兴趣自然就会提升,课堂教学效果与教学质量也会因此而得到改善。

第三,搜索教学信息与资料。学校的多媒体教室一般都是连接网络的,有的还与校园网相连,体育教师可以在课堂教学中根据教学需要直接搜索所需资料,这能够为教师的教学活动与学生的学习活动提供便利,节约课堂时间,提高课堂教学效率。

第四,各种教学课件和软件的播放。体育教师可利用多媒体教学设备播放已经提前准备好的多媒体教学软件(录音带、VCD、CD光盘等),从而使课堂教学效果得到强化与优化。

## 三、网络化体育课程教学环境的创建

信息化体育教学的开展也离不开网络化教学环境的支持。体育教师将网络通信技术、计算机技术充分利用起来,通过文本、信息交互技术、影像等丰富的信息媒体资源向学生传递重要的教学信息与资源,以促进学生更好地进行自主学习与合作学习,提高课堂双向互动交流的效率和学生的学习效率。

常见的网络化教学环境主要有多媒体网络教室、校园网、网

# 第七章 体育课程教学与信息技术深度融合的科学探索

络教学平台、远程教育网等。下面结合体育课程教学主要分析多媒体网络教室与校园网。

## (一)多媒体网络教室

目前来看,多媒体网络教室(多媒体网络机房、计算机网络教室)作为一种新兴网络教学系统,在我国各类学校的应用非常广泛,大中小学普遍都会用到多媒体网络教室。多媒体网络教室属于小型教学网络,由若干台多媒体计算机及相关网络设备互联而成,可以将其作为计算机机房使用,也可以作为多媒体演示室、视听室、语音室使用,这是多媒体网络教室的功能及应用形态的主要表现。要使用多媒体网络教室,离不开现代网络技术和多媒体技术的支持。

多媒体网络教室的基本构成如图 7-2 所示。

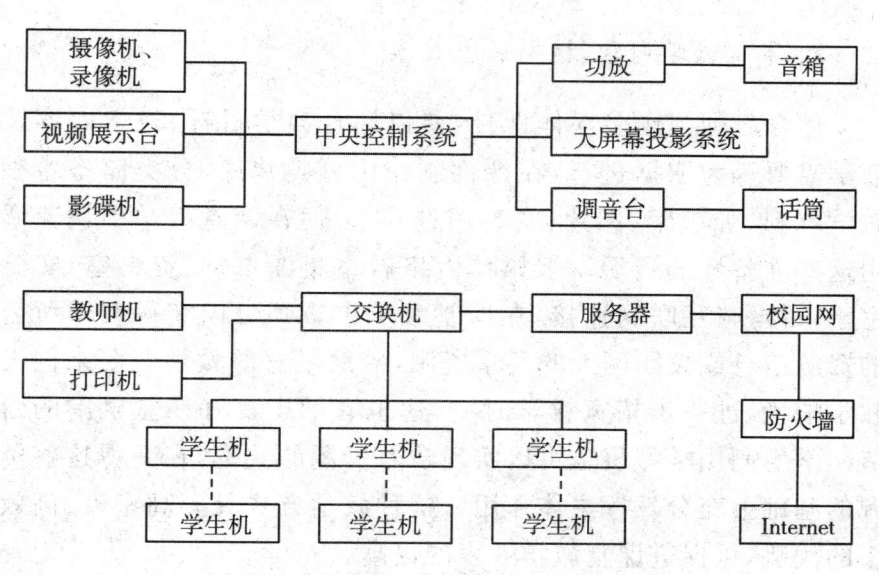

图 7-2 多媒体网络教室的基本构成

多媒体网络教室在体育课程教学中的具体应用及功效主要表现在以下几个方面。

1. 优化教学结构,使学生有更多的实践机会

在体育课堂教学中,多媒体网络教室的软件可作为辅助教学手段,如教师口头讲解时,可用语音对话;示范动作时,可播放图片或视频,使学生看得更清楚一些。多媒体网络教室的设备还有监控功能,当学生自主学习时,教师可以检查学生的学习情况,发现其中的问题,从而合理地调控教学过程。学生如果在听讲或自主学习中有疑问,可利用电子举手功能向教师提问。教师可以利用辅导答疑功能来对学生进行指导,有针对性地解决学生在学习中遇到的问题。另外,教师还可以组织学生交流经验,讨论问题,对于普遍存在的共性问题,集体处理。这样可以在一个整体的系统中将诸多环节联系起来,使课堂教学结构更加优化,而且学生在交互式的环境下有更多的机会去实践,学习效果会有所提高。

2. 丰富教学内容,提高课堂效率

体育教师制作多媒体课件,要以体育教学目标、教学内容及教学需要等为依据进行,在课件制作中分类建库,分类储备各种教学资料,如教案、图片、实验用具等,以便在课堂教学中快速调用这些准备好的资源。多媒体网络教室集图书室、资料室、实验室于一体,与互联网连接,在课堂教学中教师可以获得教学所需的资源信息或校园网上的共享资源,借助丰富的教学资源来创设教学情境,进一步拓宽教学时空,这也有助于良好课堂氛围的营造。学生利用学习机也可以实现学习资源的共享,在获得这些资源的基础上充分发挥主体作用。这种教学方式具有高密度、高效率的优势,可促进课堂教学效率的提高。

3. 丰富教学内容的表现形式

多媒体信息符号的表现形式有很多,如文本、图形、图像、动画、音频、视频等,这些常见的信息形式经过计算机的集成处理构成了多媒体信息结合体。在网络教室环境中可以用很多种形式

来呈现多媒体信息,教师可以单独使用某种表现形式来传递信息,也可以将多种表现形式结合起来传递教学信息,从而达到抽象理论具象化、静态知识动态化的效果,这有助于激发学生的学习兴趣,有助于提高学生的学习能力及多元智能。

4. 可优化组合多种教学形式

在体育课程教学中,教师可将本校服务器中的多媒体教学软件结合起来进行全面教学,学生在自主学习中也可以对学校服务器中的学习资源自由访问,提高自主学习能力。另外,教师与学生可以实时查询与运用网上资源,这有助于师生之间以某个特定主题或教学任务为中心而展开互动。通过讨论室进行讨论,从而快速完成教学任务,使学生全面理解问题,这也为体育课堂中小组合作学习、自主探究学习以及讨论协商学习等多种学习形式的优化组合运用提供了方便。

(二)校园网

自从"校校通"方针被教育部提出后,全国各地的学校积极贯彻执行,纷纷建设校园网络。校园网是指利用网络设备、通讯介质和适宜的网络技术与协议以及各类系统管理软件和应用软件将校园计算机和各种终端设备集成在一起,通过防火墙与外部网络连接,以为学校教学、管理、科研、信息资源共享和远程教育等工作提供便利的局域网。[①] 校园网作为宽带多媒体网络,主要为教师教学、科研和学生学习提供信息服务。在信息时代,学校教育中对网络通讯技术与多媒体技术的应用越来越普遍,校园网建设及应用充分体现了这一点。校园网的建设及应用进一步提高了学校现代化办学水平,优化了学校教学条件与环境。

学校现代化教学中的日常办公、教学活动、教学管理、信息交

① 张文兰. 信息技术与课程整合[M]. 西安:陕西师范大学出版社,2012.

流等各方面工作的开展都需要校园网的支持。校园网也为校际沟通与交流提供了良好的网络环境,一定区域范围内的学校之间在校园网的支持下可以进行信息交流、共享教学资源、协同工作,这些都是校园网系统的主要功能体现。

图 7-3 直观显示了校园网的基本功能。

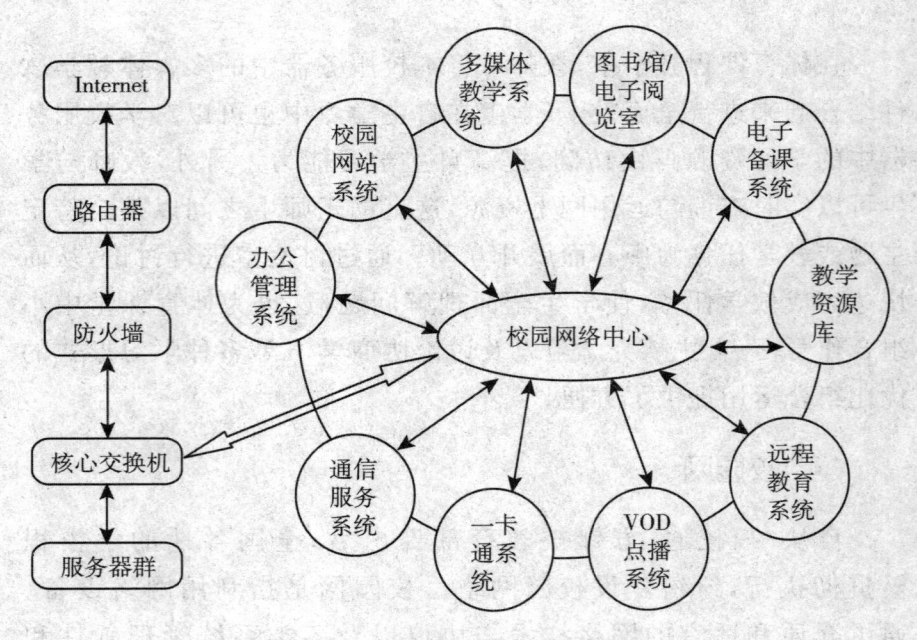

**图 7-3　校园网的基本功能**

在体育课程教学中,校园网的应用具有多样性、多层性,尤其是随着体育教学的不断深入改革,校园网络中心对学校体育教育思想观念、教育结构、教育方法手段、教育考核评价等方面都有不同程度的影响,且推动了体育教学改革进程,提高了改革效果。具体来说,校园网在教学中的应用集中表现在图 7-4 所示的几个方面。

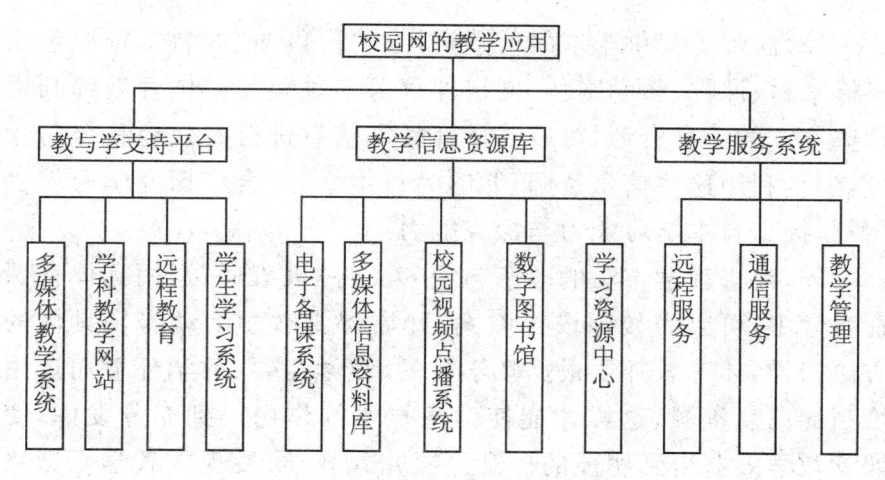

第七章 体育课程教学与信息技术深度融合的科学探索

```
                     校园网的教学应用
          ┌──────────────┼──────────────┐
     教与学支持平台      教学信息资源库        教学服务系统
    ┌────┬───┬───┐  ┌────┬────┬───┬───┐  ┌───┬───┬───┐
   多   学   远   学   电   多   校   数   学   远   通   教
   媒   科   程   生   子   媒   园   字   习   程   信   学
   体   教   教   学   备   体   视   图   资   服   服   管
   教   学   育   习   课   信   频   书   源   务   务   理
   学   网        系   系   息   点   馆   中
   系   站        统   统   资   播        心
   统                      料   系
                           库   统
```

图 7-4 校园网的教学应用

## 四、新型信息化体育课程教学环境的创建

近些年,学校课堂中渐渐出现了一些新型教学媒体,如"班班通"、移动学习设备与终端、交互式电子白板、电子书包等,这是多媒体技术和网络通讯技术迅猛发展以及学校现代化教学改革的结果。新型教学媒体的出现使学校传统信息化教学环境发生了变化,将这些丰富的新型媒体资源运用于学校教育中,可落实"教育无处不在,学习随时随地"的理念。下面主要分析"班班通"这个新型教学媒体环境。

"班班通"是一个将基础设施、软件资源等内容有机融合在一起的系统工程,利用这一系统工程,可以向各个班级快速及时地传递教育教学的相关信息内容。在课堂教学、学生学习及学校其他教育业务中系统有效地应用"班班通",可有效提高课堂教学效率、提高学生学习效率。

下面结合体育课程教学来分析"班班通"的教学功能。

(1)提高教学信息化水平。在体育课堂教学中,采用交互教学形式或多媒体演示教学形式时都可以应用"班班通",以便于整合资源与加强管理,也可以节约物力及人力资源的投入,使学校办学负担减轻一些。

（2）向师生提供丰富的信息资源。"班班通"的教学资源包括媒体素材、课件、教学案例、网络课程等多种类型。体育教师利用这些丰富的信息资源，可以对体育教学信息进行有效地整合与管理，学生利用这些信息资源，能够为自主学习、合作探究学习提供便利，提高自主学习能力与探究能力。

（3）促进教学方法的改革与完善。将"班班通"运用到体育课程教学中，可以为教师设计教案、开展课堂教学活动提供具体的方法指导，体育教师要根据教学目的、教学需要、教学环境而选用恰当的信息资源，这样才能使信息技术的作用得到充分发挥，使课堂教学效益得到明显的提升。探究式教学、发现式教学等新兴教学方法可以培养师生的创新精神与探索精神，提高师生的高级认知能力与信息处理能力。

（4）提高学习效率。"班班通"打破了教室的局限，学生可以在有限的体育课堂上学到更多的体育知识、技能，可以与同学、教师多互动、交流，这对学生学习兴趣的提升及学习效率的提高具有重要促进作用。而且"班班通"使因特网突破了学校机房的限制，让计算机惠及每位师生。

总之，随着体育教育的改革与发展，体育课堂上必然会运用到越来越多的新型教学资源，信息化教学环境建设已然成为一种趋势与潮流。

## 第二节 信息化体育课程教学的科学设计

### 一、信息化教学设计概述

#### （一）信息化教学设计的概念

基于传统教学设计发展起来的信息化教学设计指的是在先进教育理念的指导下将现代信息技术充分利用起来，对教学过程的各个环节和要素进行科学安排,从而为师生提供良好的信息化教学环境,促进教学过程最优化,进而对学生的信息素养、创新精神和实践能力进行培养的过程。①

(二)信息化教学设计的特点

和传统教学设计相比,信息化教学设计具有两个鲜明的特点。

第一,更加重视学习者的主体作用。

第二,更加重视信息技术的运用,强调将信息技术运用于信息化学习环境中,以对学习者的自主学习能力、合作能力、实践能力、分析与解决问题的能力进行培养,最终使学习者形成终身学习能力,在学业成就上取得更大的突破。

## 二、信息化体育课程教学设计的原则

信息化体育课程教学设计要贯彻以下几项原则。

(一)创设情境,使学生在真实情境中掌握和运用知识

在传统体育教学中,往往从具体情境中将体育知识抽离出来,抽离出来的知识是抽象性、概括性的,虽然这样可以将具体情境中的"本质"内容(概念、规则、原理等)体现出来,但知识运用的具体性与情境性却被忽视了。这样学生虽然掌握了知识,却在具体的任务情境中或遇到现实问题时无法运用所学知识,学习结果无法顺利迁移到现实中。要使学习者在建构层面掌握所学知识,也就是不仅掌握知识的表面,也要深刻理解知识表面所隐含的性质、规律及相关关系,最好为学习者创造真实或接近真实的情境,使学习者在亲身参与中去感受、体会,获取直接经验,而不是从教师的口头讲解中去获取。对此,在信息化体育教学设计中,体育教师要注重对真实问题情境的创设或对真实任务的设计,使学习者尽可能在真实的情境中完成所有学习活动。这里要注意一点,

---

① 景亚琴. 信息化教学[M]. 北京:国防工业出版社,2013.

真实情境与现实情境不同,不一定要真实客观存在,情境有很多种类型,如基于学校的情境、基于自然或社会生活的情境、想象虚拟的情境、真实现实的情境等。在体育课堂教学中不管是创设哪种类型的情境,都只有一个原则,就是使学习者能够经历类似于真实世界的认知挑战。

## (二)利用学习资源为学生的自主学习和协作学习提供支持

在信息化体育课程教学设计中,要将丰富多彩的信息化学习资源提供给学生,并在学生获取学习资源、分析处理学习资源、编辑加工学习资源的过程中提供指导与帮助,从而为学生的探索学习、分析解决学习中的问题提供支持。有些学生对信息化学习资源不熟悉,也不习惯运用,对此,教师要加强对信息化资源的普及,不断鼓励学生使用信息化资源,使学生充分认识到这些学习资源给自主学习带来的便捷与好处,然后借助现代信息化学习资源来更好地进行自主学习、合作学习。

## (三)为学生提供有效指导、支持

信息化体育课程教学设计强调学习者充分发挥自身的主体作用,主动学习、主动探索,但因为学习者的知识结构还比较单一,认识水平还比较低,也缺乏实践经验,所以在学生自主学习的过程中,教师也要适当地进行指导,在关键时刻给予帮助,如为学生提供丰富的学习资源、反复示范正确的技术动作、为学生提供咨询服务、创设问题情境启发学生思考与探索等。对于那些自我调控能力差的学生,尤其要给予引导和帮助,以免学生因不熟悉新的内容或在学习中受挫而消极被动学习,影响学习效果。

## (四)强调协作学习

信息化体育课程教学设计强调体育教师要重视设计协作学习方式,具体包括学生之间的协作、师生之间的协作、学生与他人之间的协作、各主体之间面对面的协作以及在计算机信息技术支持下的信息化协作等。

## 第七章　体育课程教学与信息技术深度融合的科学探索

协作学习不仅是学习者发展的需要，也是社会发展的需要，因此信息化教学设计特别强调协作学习。现在，社会分工的细化趋势越来越明显，知识增长也极为迅速，需要协作配合才能完成的工作越来越多，所以在现代人才的评价中，将协作意识与合作能力作为一个重要判断标准。

从学习者方面来看，不同的学习者有不同的成长经历和知识经验，面对同一知识或问题，不同学习者的理解可能不同，学习者个人的理解可能是存在局限性的，或者说比较片面、肤浅、不充分、不完善，也有可能就是错误的，而通过协作学习，学习者之间相互沟通交流，每个学习者充分表达自己的看法与见解，同时听取他人的不同看法，在这个过程中学会聆听、接纳、互助、共享，在不同观点的碰撞中更好地理解知识与问题，这时的理解比之前个人的理解更充分、全面、完善、深刻。

（五）在学习和研究活动中将"解决问题"和"任务驱动"作为主线

信息化体育课程教学设计强调不要将学习孤立看待，而要将其与更多的问题、任务联系起来，以"解决问题"和"任务驱动"为主线进行学习，学习者主动投入真实的问题情境或人物情境中，以完成学习任务，解决学习问题。体育教师在信息化教学设计中要多鼓励学生结合现实生活探究学习相关问题，将学习者的高水平思维激发出来，培养学生的高级思维能力。很多学习任务与学习问题背后都隐含着丰富的知识与技能，学生在自主学习或合作学习中探索这些知识与技能，在探索中逐渐掌握并学会运用，这有助于提高学生的探索能力。

（六）强调面向学习过程的质性评价

传统体育教学设计习惯上将简单的知识与技能作为评价学生学习成果的唯一标准，这在信息化体育教学设计中是不允许的。信息化体育教学设计强调在体育教学评价中应将师生在课程教学中的所有情况都考虑在内，强调在真实的评价情境下进行评价,主张凡是具有教育意义的过程与结果,都应该对其进行恰当的评价,不论其是否符合预定目标。此外,信息化体育教学评价还强调对学生学习能力的评价,但不是通过学习结果来评价其学习能力,而是通过其在整个学习过程中的学习行为来评价其学习能力的变化与发展,最后做一个评估报告,将此作为改进教学与进一步培育学生学习能力的依据。

## 三、信息化体育课程教学设计的模式

### (一)国外信息化教学设计模式

国外关于信息技术教学应用的研究更多地侧重于利用信息技术创建以学生为中心的学习环境,支持学生自主探究、协作学习,培养学生解决问题的能力和高级思维能力。这方面具有代表性的设计模式是 iNtegrating Technology for inQuiry 模式,缩写为 NTeQ 模式,这是由美国学者莫里森和劳德通过多种认知的、建构的实践方法提出的以研究为取向的技术与课堂教学相整合的模式。莫里森和劳德将 NTeQ 描述为:基于一个单元或主题,将探究式学习、基于问题的学习和合作小组构建成以学生为中心的学习环境的一种整合模式。[①] 要按照 NTeQ 模式创建将信息技术整合到课堂中的课程单元计划,就要完成以下几个步骤。

1. 制定目标

由制定目标开始,目标应涵盖一个单元的所有教学内容,而不仅仅是与计算机相关的部分。可以跨学科制定目标,同时也包括所有的教学内容。

2. 计算机功能匹配

在确定教学目标的基础上,要进一步确定目标与计算机的哪

---

① 张文兰. 信息技术与课程整合[M]. 西安:陕西师范大学出版社,2012.

## 第七章 体育课程教学与信息技术深度融合的科学探索

些功能可以匹配,也就是说要找到与确定目标相吻合的计算机功能。例如,如果教学目标所用的动词是"分析",那么就能够将"分析"这一目标和计算机所能提供的"数据库"或"电子表格"匹配起来;如果教学目标是"设计",那么就能够与计算机的画图程序进行匹配。需要注意的是,不可能每个目标都得到匹配,而且计算机也不需要用到每一堂课上。

3. 确定问题

学生带着问题学习相关内容,以解决问题作为目标。问题可以是来自教师所设计的课程计划,也可以是和学生一起确定的。一个好的问题一定是和学生生活相关的,并且是学生经过努力学习与分析之后可以解决与真正理解的。

4. 处理数据

在解决问题的过程中,学生要不断观察、实验或者从互联网上收集相关数据。收集好这些数据后,要怎么处理,是通过计算得出平均数,还是创建一个曲线图,或是创建一幅示意图,具体要与教学目标对应起来而定,以保证教学目标得以顺利实现。

5. 显示结果

学生在解决问题的过程中,获得了对相关概念及其关系的理解,创造了新的知识。在呈现阶段,教师要让学生呈现他们所创造的知识。呈现的形式主要有书面小报、海报、Web网页等,也可以是口头报告。

6. 设计计算机整合活动

这个步骤中需要考虑以下两个因素。

(1)确定让学生利用计算机完成哪些活动,如在互联网上搜索信息、输入数据、写研究报告或画一个曲线图。

(2)确定学生是单独利用计算机完成活动,还是小组合作完成活动。小组合作使用计算机时,要为每个学生分配不同的任务,以保证他们在完成任务的过程中有机会尝试所有角色。

### 7. 设计准备活动

如果已对整合信息技术的活动做了精心准备,那么为了使其更有效率,教师还需要设计准备活动。例如,如果是要学生查找信息,那么教师可以让学生先列出要查找的条目,然后再开始搜索;如果是要学生创建一个图表,那么先让学生准备好需要的数据;如果要写一份报告,那么先列出报告的大纲。

### 8. 设计结束活动

相对来说,在互联网上搜索信息,寻找数据,然后画出曲线图或图表,或者写出一份调查报告,都是比较简单的过程。最关键的是,教师要鼓励学生反思和深度思考这些数据。教师设计的思考题在指导学生进行分析和解释信息或数据时很有帮助。

### 9. 设计支持活动

在教学目标中,有一些并不需要计算机的支持,但也是课程的重要组成部分。一般把支持这一类目标的活动称为支持活动。在只配置几台计算机的课堂中,学生在不使用计算机时,更需要有大量的时间开展各种有意义的支持活动,如小组讨论活动、各种操作类的活动等。

### 10. 评估

由于学生学习成果的多样性以及学习程度的丰富性,传统的纸笔考试不足以评估学生的学习过程与结果。对于这一类整合技术的课程,教师需要设计其他评估方式。

## (二)国内信息化教学设计模式

近年来,我国越来越多的教师认识到"以教为主"和"以学为主"的教学设计虽然都有自己的突出优点,但也有自身的缺陷,如

## 第七章 体育课程教学与信息技术深度融合的科学探索

果可以将两者有机结合起来,正好可以实现优势互补,可以取长补短。对此,何克抗教授提出了"学教并重"的教学设计模式,汲取了"以教为主"和"以学为主"两种教学设计的优点,这种新的教学模式具有较为广泛的影响力和适应性。该模式主要强调以下两个要点。

第一,强调既要充分体现学生的主体地位,又要充分发挥教师的主导作用。

第二,既注重系统知识和技能的学习,又强调在教学中要充分发挥学生的创新精神,培养学生的自主探究能力、协作学习能力和创新能力。

以教为主教学设计模式和以学为主教学设计模式的流程图分别如图 7-5 和图 7-6 所示。基于二者创建的"学教并重"教学设计模式的流程图如图 7-7 所示。在信息化体育课程教学设计中,可重点参考学教并重的教学设计模式,充分发挥体育教师的主导作用和学生的主体作用,加强对学生自主学习能力、协作学习能力以及创新精神的培养。

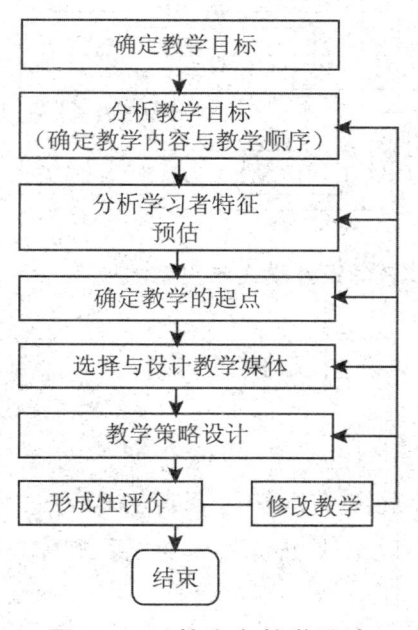

图 7-5 以教为主教学设计模式流程图

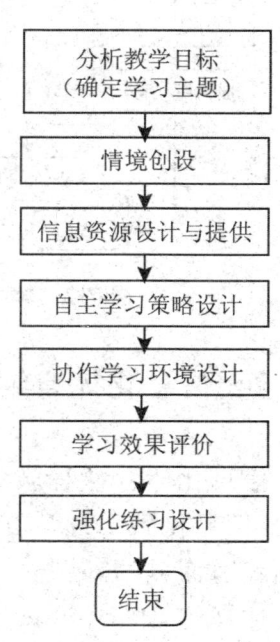

图 7-6 以学为主教学设计模式流程图

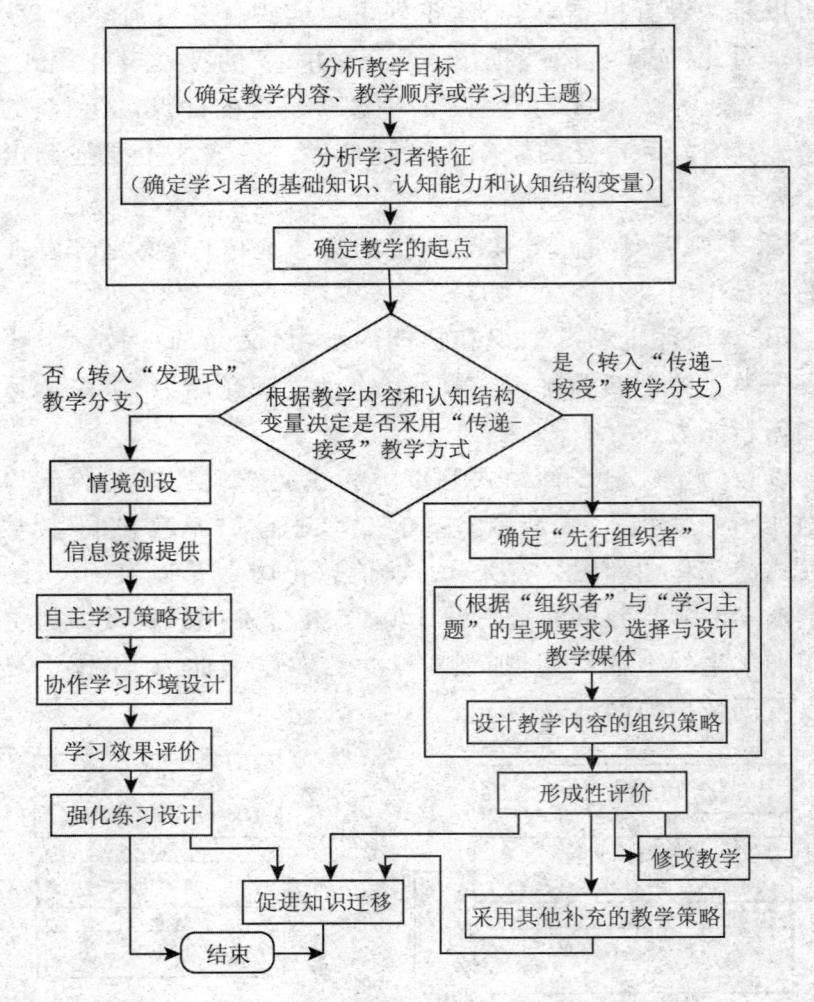

图 7-7 "学教并重"教学设计模式流程图

## 四、信息化体育课程教学设计方案的编写

　　信息化体育课程教学设计方案与一般的体育课教案是有区别的,信息化教学设计方案是以系统分析学习资源和学习过程为基础编写而成的,其与一般的教案相比更具科学性、系统性,也更加具体详细。

　　编写信息化教学设计方案是依照教学目标、教学任务、学习

# 第七章 体育课程教学与信息技术深度融合的科学探索

者特点、信息技术工具等因素而进行教学设计的过程。一般可采用两种格式来编写教学设计方案。第一种是叙述式,以这种方式编写的方案主要由 9 个部分组成,分别是课题名称、课题概述、教学目标分析、学习者特征分析、学习任务分析、资源、教学活动过程、评价、帮助和总结。第二种是表格式,编写过程类似于第一种,编写模板可参考表 7-1。

**表 7-1 表格式教学设计方案模板示例**[①]

| 设计者: | 执教者: | 课件制作者: |
|---|---|---|
| 时间: 年 月 日 | | 所教班级: |

一、教学内容(教材内容)
简要介绍:

二、学生特征分析
1. 智力因素方面:知识基础、认知结构变量、认知能力
2. 非智力因素:动机水平、归因类型、焦虑水平、学习风格

三、教学内容与教学目标的分析与确定
1. 知识点的划分与教学目标(学习水平)的确定

| 课题名称 | 知识点 | 教学目标 |
|---|---|---|
|  |  |  |
|  |  |  |
|  |  |  |

2. 教学目标的具体描述

| 知识点 | 教学目标 | 描述语句 |
|---|---|---|
| 1 |  |  |
| 2 |  |  |

---

[①] 何克抗,吴娟. 信息技术与课程整合[M]. 北京:高等教育出版社,2007.

（续表）

| 3. 分析教学重难点 | | | | | | |
|---|---|---|---|---|---|---|
| 四、多媒体网络资源、工具及课件的运用 | | | | | | |
| 知识点 | 学习水平 | 多媒体网络资源、工具及课件的内容、形式、来源 | 使用时间 | 多媒体网络资源、工具及课件的作用 | 使用的方式或教学策略 | |
| 1 | | | | | | |
| 知识点 | 学习水平 | 多媒体网络资源、工具及课件的内容、形式、来源 | 使用时间 | 多媒体网络资源、工具及课件的作用 | 使用的方式或教学策略 | |
| 2 | | | | | | |
| 注： | | | | | | |
| 五、形成性练习题和开放性思考题的设计 | | | | | | |
| 知识点 | 学习水平 | 题目内容 | | | | |
| 1 | | | | | | |
| 2 | | | | | | |
| 六、课堂教学过程结构的设计 | | | | | | |
| 画出流程图 | | | | | | |
| 对流程图简要的说明： | | | | | | |
| 修改意见： | | | | | | |

不管采用上述哪种格式来编写教学设计方案，教案中都要有关于教学目标、教学内容、师生活动、教学媒体、时间分配等要素的描述。

## 第三节 信息化体育学习资源的开发与管理

### 一、信息化学习资源概述

(一)信息化学习资源的概念

简单来说,在信息技术支持下的学习资源就是所谓的信息化学习资源,信息化教学环境、信息化支持系统以及信息化教学材料等都是常见的信息化学习资源。而在信息技术与课程整合的视角下,信息化学习资源指的是"经过选取、组织,使之有序化的,适合学习者发展自身的有用信息的集合"。[①] 它属于信息资源的一部分,和一般的信息资源相比具有自身的独特性。

(二)信息化学习资源的特点

信息化学习资源具有以下几个鲜明的特点。

1. 动态性

用户可以重新组织信息、建立链接。

2. 交互性

用户可主动选择与控制信息。

3. 探索性

网络上的学习资源是全球性的数字图书馆,搜索机制较为完善,便于人们找寻与探索。

---

[①] 何克抗,吴娟. 信息技术与课程整合[M]. 北京:高等教育出版社,2007.

4. 存储海量化和管理智能化

用大容量的光盘库存储大量信息化资源,建立大型数据库管理系统,以便快速检索与查询。

5. 显示多媒体化

用多媒体技术对丰富的媒体学习资源进行存储、传输与处理。

6. 处理数字化

将多媒体信息经过转换器抽样量化,实现由模拟信号向数字信号的转换。

7. 超媒体非线性组织

采用超媒体技术构建信息化学习资源,用超文本的方式组织多媒体信息,可以将非线性的网状知识恰当表现出来。

8. 传输网络化

通过网络可远距离传输信息。

9. 教学过程智能化

专家系统实时监控教学过程中信息资源的使用情况,根据学习者的特点恰当选择教学方式,并提供针对性的指导和学习建议。

## 二、信息化体育课程学习资源的设计与开发

(一)网络课程的设计与开发

通过网络实施的教学活动及表现的教学内容的总和就是网

# 第七章 体育课程教学与信息技术深度融合的科学探索

络课程。网络课程由网络教学支撑环境和教学内容两部分组成。在网络教学平台上实施的教学活动、支持网络教学的学习资源及软件工具都属于网络教学支撑环境的范畴；教学内容是依据教学目标而选择与组织实施的。

传统体育教学中，体育教师在上课前要先备课，同样的道理，进行网上教学前首先要做的准备工作也是备课，这里的备课就是设计网络课程。网络教学中要围绕学生这一主体来展开所有教学活动，教师要重视学生的主体地位，激励学生在学习过程中将自身的积极主动性充分发挥出来，教师要围绕"教学目标""教学内容""教学环境"以及"自主学习策略"来进行网络课程设计，在课程设计过程中善于运用各种策略激发学生主动学习，创设良好的教学环境，为学生提供良好的学习氛围。

在网络教育应用领域，网络课程设计与开发作为一个分支领域已经发展得比较成熟了，网络课程设计与开发的流程如图7-8所示。体育教师可参考该流程，并结合体育学科的特点灵活地设计网络课程。

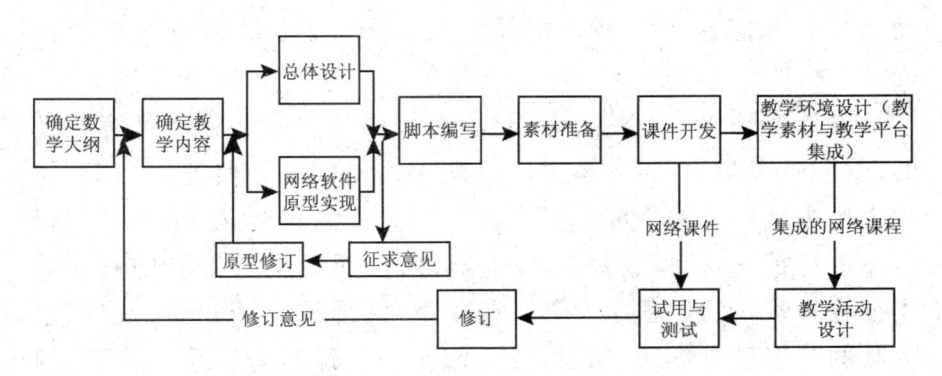

图7-8 网络课程设计与开发流程图

在体育网络课程的设计与开发中，具体要注意以下几点要求。

第一，网络课程的设计与开发要满足安全、可靠、稳定等条件，而且在现有条件的支持下设计的网络课程应能够在互联网上顺利运行。

第二，将远程教育的特点充分体现出来，以促进学生学习兴趣的提升，激发他们学习的自觉性。

第三，网络课程中的重要知识点都应该能够在网络上找到相关背景资料的链接。

第四，采用图片、视频等表现形式来突出与强调课程中的重要内容，以吸引学生的兴趣，强化学习效果，但不能为了创新而创新，如果图片或视频与教学内容本身无关，则就是多此一举。

第五，网络课程的文字与制作脚本应具有完整性。

### (二)专题学习网站的设计与开发

信息技术与课程的整合模式有很多，专题学习网站就是其中一种新模式，该整合模式充分反映了信息网络的优势，如大容量、超媒体、开放性、共享性、交互性等。通过这种整合模式，不但能够将重点知识传授给学生，而且还能引导学生建构与探索新知识，对学生的创新能力及信息素养进行培养。在这一学习模式下，学生的主体作用可以充分发挥出来，他们作为主动参与者和探究者而利用媒体工具学习，而不是单纯的被动接受者。

设计专题学习网站，首先要求选择的学习专题应该是有意义的，要能吸引学生，引导学生广泛而深入地学习与研究这一专题。学生要主动对有关专题学习内容的信息资料进行收集，对学习资源库进行扩充，使资源库越来越丰富，从而为学习提供便利。学生在收集资料的过程中要善于归纳整理，要将新的知识与旧的有关联的知识融会贯通，通过重组、创作而设计出有新意、有意义的专题学习网站。

随着信息技术的迅速发展及其在教育领域的广泛应用，校园网络建设越来越普及，在这一背景下，基于互联网的专题学习网站的设计与开发也越来越受重视。专题学习网站的设计与开发主要涉及图 7-9 中所示的几方面内容。

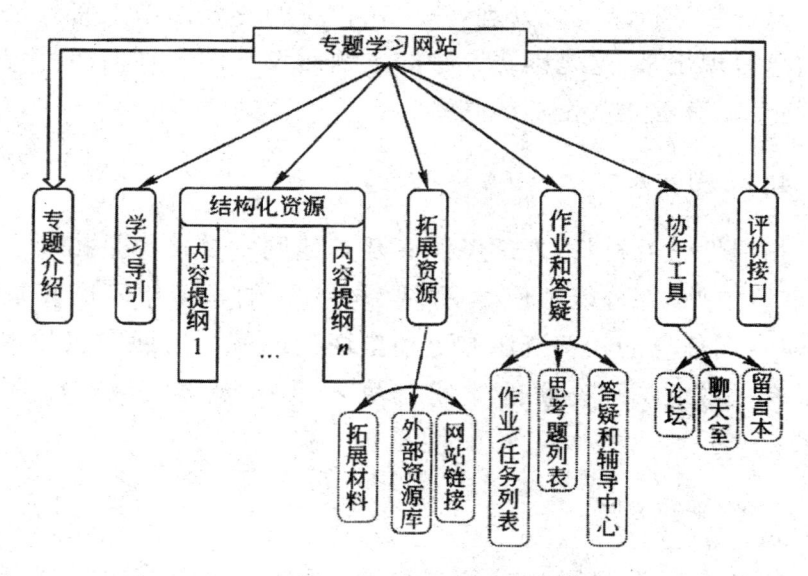

# 第七章 体育课程教学与信息技术深度融合的科学探索

图 7-9 专题学习网站的设计与开发

下面简要分析上图中的主要内容。

1. 专题介绍

介绍本专题的基本信息,使学习者对本专题的背景信息有基本的了解,从而产生学习与探究的兴趣。

2. 学习导引

这一环节强调师生交互,教师将本专题不同层次的学习目标、学习内容、学习方法等信息详细告知学习者,并为学习者推荐适合他们的学习方法与步骤。学习者在这一部分除了要了解教师告知的信息,还要对学习本专题的注意事项有一定的了解。

3. 结构化资源

这一部分是专题学习网站的主体,本学习专题的知识结构体系直接通过这一部分反映出来。构建学习专题的知识结构体系,主要是对该学习专题所对应的教学内容的文本、图片、音频、视频等信息资料进行结构化处理,然后在相应的专题网站上将处理后的信息呈现出来,这是围绕专题的主题而设计的一种内容呈现形式,与专题有着非常密切的联系。

### 4. 拓展资源

拓展性学习材料、外部资源库及其他网站链接都是拓展资源的范畴。这一部分能够使学习者在本专题的学习中不断拓展视野,对专题信息的相关资源有更加全面的理解。拓展资源与本专题是有关联的,但关联的紧密程度不及结构化资源与专题的联系。

### 5. 作业和答疑

这是专题学习网站的可选模块,师生可在该模块中展开互动,教师给学生布置作业,督促学生对本专题的内容认真学习与研究,学生在完成作业时如果遇到问题,可直接向老师请教,老师在线答疑,及时解决学生的问题。

### 6. 协作工具

协作工具主要有聊天室、留言板、BBS等,这是学生在本专题学习中的学习工具和交流工具,这些工具也能为师生交互提供便利。

### 7. 评价接口

专题学习的学习评价主要采用学生自评的方式,教师提供评价手段和评价材料(教师对学生的考察结果,包括形成性与总结性两方面),学生在线评价自己的学习情况。

## 三、信息化体育课程学习资源的管理方式

信息化体育课程学习资源的管理主要有以下几种方式。

## 第七章　体育课程教学与信息技术深度融合的科学探索

### (一)资源网站管理

以网页的形式组织各种体育教育资源(包括文档资料素材、媒体素材、课件素材、案例素材、试题素材等),组织过程中要遵守一定的标准,如按学习主题组织、按素材类型组织等,并要对各类资源做好属性标记,通过组织资源以形成体育学科资源网站。这类教育资源库的功能十分强大,体育教师与学生可直接检索与利用资源库中的丰富资源。

### (二)文件目录管理

先划分信息化体育教学资源的类型,然后在服务器上的不同目录中存储不同类型的教学资源,利用计算机系统的目录共享功能来操作与管理这些教学资源,创建不同的文件夹,各个文件夹和文件的命名要恰当、准确,要便于用户快速检索,如果命名不合适,就会影响检索效率,给用户带来不便。

这种信息化学习资源的管理方式整体比较简单,具有直观性、原始性的特点,用户可以快速进行远程访问、下载需要的资源文件,无需逐个浏览文件夹。

### (三)软件平台管理

信息化学习资源管理平台是集数据管理、学习资源管理、学生成绩管理、实验实训开放化管理、网络教学、教学考核等多个模块于一体,支持包括教学信息发布、课件制作、网上备课、网络授课、网上自学、网络考试等诸多服务的综合性教学平台。[①] 平台所拥有的数字化信息资源、培训资料非常丰富,学生在教室、图书馆、宿舍、食堂等地都可以随时登录平台查阅资料,在线学习。这能够使学生的学习需要得到满足,也有助于培养学生的信息化素养和自学习惯。

---

① 张文兰. 信息技术与课程整合[M]. 西安:陕西师范大学出版社,2012.

# 第四节 先进信息技术在体育课程教学中应用的典型分析

## 一、移动学习技术在体育课程教学中的应用

移动学习是在移动技术和移动设备的支持下随时随地学习的新型学习方式,其实现过程如图 7-10 所示。近年来,移动学习作为一种全新学习模式,已随着移动通信技术的快速发展而逐渐流行开来,尤其是在教育领域,移动学习模式的应用非常普遍,前景广阔。

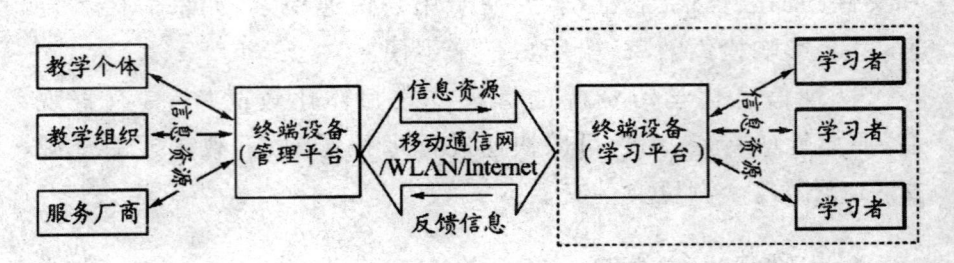

图 7-10 移动学习实现过程

移动学习的内涵可以从"移动"和"学习"两个方面来解释。

第一,移动学习方式具有移动性,这是其在形式方面的表现,具体是指利用移动技术和移动设备在移动的学习情境下随时随地学习,并实现资源共享。

第二,作为一种全新的学习方式,移动学习的"新"首先从形式、技术上体现出来。除此之外,它是在传统学习形式的基础上经过不断的改革与创新而形成的,这也是"新"的体现。经过革新,这种学习方式有了更广泛而深刻的含义,具体可以从学习发生机制、学习条件、学习过程等方面体现出来。

## 第七章 体育课程教学与信息技术深度融合的科学探索

移动学习的基本形式有以下三种，这些也是移动学习方式在体育课程教学中应用的具体形式。

### （一）基于短消息的移动学习

早期移动学习的基本形式就是将短消息应用于移动学习中，这种应用形式非常简单，主要提供语音短消息服务和字符短消息服务，利用这种学习形式，学习者之间利用学习终端可以传送字符与语音，学习者也可以与互联网服务器传送字符，服务器接收到短消息后，转化成数据请求，分析、处理数据，再向学习者的移动学习终端发送消息。

基于短消息的移动学习方式主要应用于以下体育教学活动中。

(1)学校向全校师生发送体育教学活动的相关通知。
(2)学生向体育教师提问,通知体育教师回答。
(3)学生查询体育考核成绩。
(4)简单的体育测评和辅导。

### （二）基于浏览、连接的移动学习

前面提到的移动学习方式虽然打破了时间与空间的局限，为学习者提供了很大的方便，但它也有自身的缺陷，如数据通信间断，无法实现实时连接，难以在移动学习终端上传输与显示多媒体教学资源。随着 DSP 性能的提高和移动通信协议的进步，通信速度较之前有了显著提高，因此基于浏览、连接方式的移动学习方式在教育领域的应用越来越广泛。采用这种移动学习方式可以对文本、图像信息进行传输，便于学习者随时随地查询资料，进行实时交互。

### （三）基于校园网的准移动学习

准移动学习指的是在局部范围内实现移动学习。现在，无线局域网络技术相当成熟，该技术的成熟发展及广泛应用使准移动学习方式在全国范围内的推行成为可能。在体育课程教学中要利用基于校园网的准移动学习方式，就要利用校园网络来建设移动学习环境，常见的建设形式有集中控制方式、中继连接方式、混合连接方式三种，采用的形式不同，移动学习环境的范围和功能就不同，不同的移动学习环境可以满足不同学习者的学习需求。

## 二、教育游戏在体育课程教学中的应用

教育游戏是信息化教育体系中的一个新元素，它提供了一种新的教育理念，并以其独特的教育功能在教育领域广受欢迎。教育游戏将教育与游戏结合在一起，指的是具有教育意义的计算机游戏软件，它能够对用户的知识与技能、智力与价值观进行培养。教育游戏倡导寓教于乐，教育思想、目的及内容是以游戏的形式呈现出来的。

将教育游戏应用于教学中，主要有导学模式、练习模式、探究模式等，在体育课程教学中要结合体育学科的特点来有针对性发挥这几种模式的作用。

### （一）导学模式

导学模式指的是教师通过教育游戏引导学生学习与掌握新知识，并面对面为学生提供指导，如图 7-11 所示。导学模式主要有以下几个环节。

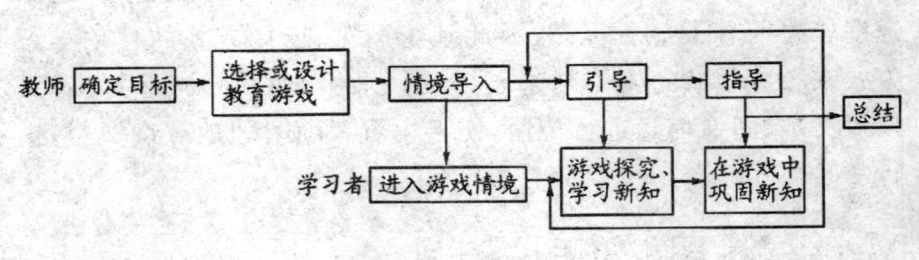

图 7-11　导学模式

# 第七章 体育课程教学与信息技术深度融合的科学探索

1. 确定教学目标

教学目标要明确、详尽。

2. 选择或设计教育游戏

内在逻辑连贯、具有知识任务的引导功能是设计导学模式的基本要求。

3. 实施教学

在这一环节,首先要引入情境,然后引导与指导学习者在游戏情境中探究与学习。

4. 总结

教师对本节课的教学内容及学习者的学习情况进行总结。

(二)练习模式

练习模式指的是学习者借助游戏形式进行练习活动,以巩固所学知识,并掌握新知识,如图 7-12 所示。

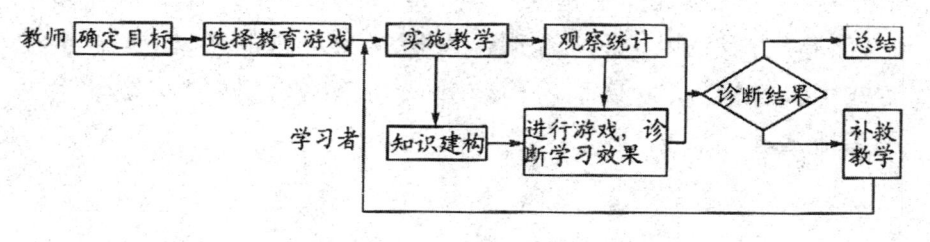

图 7-12 练习模式

练习模式的应用程序如下。

1. 确定教学目标

教学目标要明确详尽,要有层次性,具体包含知识、技能的教学目标;情感、态度、价值观的教学目标等。

2. 选择教育游戏

根据教学目标、教材大纲选择教学游戏，要求容量小，易下载，时间短，具有挑战性。

3. 实施教学

教学中的教学方式有两种，一种是以教师为主体，一种是以学习者为主体，根据教学需要而选用。

4. 游戏练习

学习者自主练习，以掌握与巩固知识。

5. 补救教学或总结

教师总结教学过程，及时发现问题并予以补救。

(三)探究模式

探究模式是指让学习者在游戏中自主探索，通过以"自主、探究、合作"为特征的学习方式学习与掌握知识，以达到认知目标与情感目标。该模式并不是直接给学习者呈现有关概念和认知策略，而是利用游戏为学习者创设以探究为主题的环境，让学生在游戏中自觉探究，发现学习内容和认知策略，这样能够使学生更牢固地掌握知识。

# 第八章 信息技术背景下体育教师信息化教学能力的培养

当前在信息技术背景下,社会各行各业都迎来了极大的变革,学校体育教育也同样如此。作为一名合格的体育教师,必须要具备基本的信息化教学能力,这样才能与时俱进,促进体育教学的创新发展。要想培养和提高体育教师的信息化教学能力必须要在日常的教学工作中加强信息技术的培训,本章就对这一问题做出研究与分析。

## 第一节 信息化教学对体育教师的素质要求

### 一、体育教师的基本素质与能力

(一)体育教师的知识结构

1. 理论知识

(1)政治理论知识。

作为任何学科的教师而言,都要具有一定的政治理论知识,这是最为根本的素质之一。一般来说,基本的政治素质主要包括正确的政治方向和立场态度、优良的思想作风和正确的世界观、人生观和价值观等。这些素质对于一个人的发展而言起着重要的引领作用,能为人的发展指明前进的方向。在具体的实践活动中,政治思想素质也支配着教师的活动目的和方向,为教师提供重要的动力。同时它还制约着教师的道德准则,决定着教师的政治信仰。因此,加强政治理论知识的学习,提高教师的政治理论修养是非常重要的。

(2)专业知识结构。

①丰富的教育科学知识。

教学是一门科学,同时也是一种艺术。教师要想提升自己的教学质量和水平,首先就要具备扎实的学科知识,这是最为基本的要素。同时,教师还要充分了解和掌握学生的身心发展规律和特点,依据具体的教学实际进行教学,只有如此才能提高学生学习的主观能动性,促使学生以积极饱满的热情参与到学习中。

上边所说的教育科学知识主要指的是与教学有关的基本知识,如教育学、心理学、哲学、美学等基础知识。其中教育学和心理学是教师从事教学活动的重要基础,一定要学习和掌握。需要注意的是,有关教育学、心理学等方面的知识,体育教师还要学会将其充分应用于教学实践中,否则就没有了意义。

②扎实的专业基础知识。

教师在一个国家的教育事业发展中扮演着十分重要的角色,作为一名优秀的体育教师,必须要具备扎实的专业基础知识和专业技能水平,只有如此才能为教育对象提供良好的"服务"。在某种程度上而言,教师在一定程度上决定了教育对象的素质。对于教师而言,首先要掌握自己本学科的基本知识,要熟悉本学科的基本知识结构,同时还要密切关注本学科的发展动态,不断丰富自身的知识体系。就体育教学而言,增强学生的体质,促进学生运动技能的提升是主要的任务。但在新的时代背景下,体育教学的意义更加丰富,除了要学习体育教学的本体知识外,还要学习其他学科和领域的相关知识。这样才能具备良好的专业知识与能力,从而为提高教学水平奠定必要的基础。

③不断充实学科前沿新知识。

在现代社会快速发展的背景下,知识的更新速度非常快,

## 第八章 信息技术背景下体育教师信息化教学能力的培养

因此,作为一名体育教师,一定要学习最新的前言知识,不断丰富和完善自己。而如果一味守旧,不愿做出新的尝试,就难以跟上时代的发展,被时代所淘汰。随着体育教学的不断发展,体育教学涉及的学科领域也不断增多,如运动心理学、运动医学、运动营养学等,这些学科知识对于体育教学有着非常重要的影响。因此,体育教学需要不断丰富和更新知识,体育教师需要认真学习和钻研,不断充实自己的学科知识体系。

④体育专业知识。

随着科学技术的快速发展,越来越多的技术手段应用于体育教学中。面对新教学技术,体育教师需要付出一定的努力才能掌握。如果体育教师不对这些新鲜事物予以关注,就难以跟上体育教学的发展步伐。体育教师应在掌握体育学科基本知识的基础上,密切关注学科动态,掌握新的技术教学手段,不断更新自己的知识结构体系,促进自身综合素质的发展。

发展到现在,体育学科知识体系日益丰富,不仅包括各项目的运动技能知识,同时还充斥着许多卫生和保健等方面的知识,这也是体育教师所必须具备的专业知识。这些专业知识是指体育教师承担体育课程所必备的专门知识。这其中最为基础的就是体育专业知识,如体育教学的培养规律,某项运动的专项技能等,除此之外还应包括与体育紧密相关的学科,如人体类学科理论、体育学科发展史、体育专业教育技术理论等内容。体育教师的一个重要的工作就是将这些理论知识转化为学生所拥有的精神财富,提高学生的综合素质与水平。

(3)应用类知识。

在当今互联网时代,世界变得越来越小,通过互联网人们能接触到各种消息,这极大地加快了体育信息的传播速度。体育教师应充分利用互联网带来的信息获取方面的便利,从中获取各方面的信息,并及时了解体育领域的最新发展动向,不断完善自身的体育知识结构体系。体育教师在接纳外部世界信息的同时,还要向外界展示自己,形成双向交流与互动。只有如此,体育教师才能在信息化发展的社会,不断提高自己,从而立足于未来社会。

发展到现在,多媒体技术在体育教学中得到了广泛的应用,为体育教师的教学带来了诸多的便利,这改变了传统的体育教学方式,是一个较大的创新。在当前教学背景下,体育教师摆脱了传统课堂的"传授者"角色,成为真正的"传道授业解惑者",在教师的指导下,学生能很好地提高自己的学习水平,提高技战术水平。现代科学技术的利用对体育教学具有重要的影响,其主要原因在于它有利于缩短知识、技术、技能传授与反馈的过程,能有效提升体育教学的效率。在现代信息技术快速发展的背景下,体育教师要与时俱进,学习和掌握先进的信息技术,为提高体育教学质量奠定良好的基础。

2. 体育教师的语言与文字

(1)体育教师职业语言的基本要求。

体育教师面对的教学对象都是不同的,对于不同的学生,体育教师要给予针对性的教学,如在进行讲解法教学时,不同的语言会产生不同的效果。一般来说,学生思维的具体性和情感性成分较强,体育教师需要不断完善自我的语言风格与职业语言规范,才能获得理想的教学效果。相对于其他课程,体育课的趣味性较高,热情活泼的体育教师往往会受到学生的喜爱,体育教师的语言也会体现出富有情感、形象和风趣的特点。在对学生进行体育教育时,体育教师应该更多地注意言语的逻辑性,要采用合理的教学语言,其基本要求如下所述。

①在进行教学的过程中,语言要科学化和规范化。
②任何语言的使用都要准确且规范。
③任何概念的解读要精准,讲解要通俗易懂。
④语言要有一定的启发性,能激发学生学习的兴趣。

(2)术语和俗语。

语言教学法是体育教学中最为常见的教学方法之一。体育教师合理地利用语言能有效地帮助学生理解技战术动作,提高教

## 第八章　信息技术背景下体育教师信息化教学能力的培养

学效率。语言不仅具有一定的组织教育和讲解的作用,同时还带有丰富的艺术性。体育是一门特殊的学科,其中包括各种各样的术语,体育教师在教学中,为保证教学的科学性,要善于运用各种术语,要将术语与俗语结合起来使用,这样才能提高教学的艺术性,便于学生接受和理解,从而提升教学水平。

在具体的体育教学中,体育教师要合理恰当地使用专业术语和俗语,即要讲究恰当的阶段和时间点。例如,在刚刚开始教授一项新运动技术时应使用俗语,以便学生建立更加直观的印象。但在学生掌握了相关内容后,体育教师就要尝试使用专业术语,从而提高教学的科学性和严谨性。但需要注意的是,体育教师不能为了显示自己的知识渊博而过多的使用专业术语,尤其是在新授课内容时,否则就不利于学生的学习和理解。同样,体育教师也要注意使用俗语的时机,这将会对学生产生重要的影响。有关研究表明,学生在一堂课中注意力最为集中的时间为 15～25 分钟,超过这个注意力的黄金时间后,注意力就会分散。而具有丰富教学经验的教师则能够敏锐捕捉到这个阶段,能适当地使用通俗易懂的具有趣味性的语言吸引学生的注意力,充分发挥语言的直观功能,提高教学效果。

总之,体育教师在教学的过程中,要善于把握教学的时机,合理地搭配与使用术语和俗语,从而提高课堂教学质量。

(3)文字和写作。

制定体育教学文件或方案需要一定的文字和写作的基本功。因此,体育教师不仅要具有良好的身体动作教学能力,还要具有一定的编写教学计划和教案的能力。这两份基本的教学文件要求每名体育教师都要会撰写,因此,拥有良好的文字和写作功底也是非常重要的。

3. 体育教师的体育法规知识

(1)我国的体育法律体系。

体育法律是各项体育活动开展的重要保障。它是由体育法律法规、体育政策规则和地方、部门的具体体育规则组成的广义上的体育法律体系。发展到现在,我国已初步建立起一个较为健全的体育法律体系。这一法律体系以体育基本法为龙头,以国家体育法律法规、部门体育行政规章和地方体育法律法规为基本构架,层次有序,内容形式协调一致。但需要注意的是,这一体育法律体系仍然存在诸多不尽完善的地方,需要今后不断完善与建设。

总体而言,目前我国的体育法律体系主要分为以下五个层次结构。

一是根本法规,即宪法。宪法是一切法律法规的基本保障,起着总领全局的作用。我国宪法的第二十一条、第四十六条、第八十九条、第一百一十九条,对体育事业的发展都有相应的规定。其他相关体育法律的制定要符合宪法中关于体育法律的中心思想。

二是体育法律。体育法律是经全国人民代表大会及其常务委员会制定的规范性文件。

三是国家体育行政法规。国家体育行政法规是指由国务院发布或批准发布的体育行政法规,包括专门的国家体育行政法规和其他的国家行政法规中有关体育的内容。

四是部门体育行政规章。部门体育行政规章指由国务院体育行政部门和其他有关部门单独或联合发布的体育规章,以及其他规章中有关体育的内容。当前这一层次的体育法规数量最多,在平时的体育活动中利用率也最高。

五是地方体育法规和规章。地方体育法规和规章指由省、自治区、直辖市及其人民政府所在地的市以及国务院批准的较大的市的人民代表大会及其常委会根据本地实际所制定发布的体育法规和体育规章。

(2)体育法规的主要内容。

我国的体育法涉及的内容非常广泛。从竞技体育到社会体育,从体育社会团体到公民个人,从国家发展体育事业的基本态

## 第八章　信息技术背景下体育教师信息化教学能力的培养

度到各级政府、行业、系统、机关、学校、企事业单位、社会团体在发展体育事业中的责任、权利和义务等都作了明确的规定。由此可见体育法律法规的针对性和实用性都很强，它规定了国家体育活动的方方面面，对国家体育事业的发展具有重要的作用。

（3）体育教师在教学事故中的过失判定。

在某种程度上而言，责任和管理的法定标准在原则上是基本一致的。法院利用专家、教科书、课程资源以及拥有相同职位人士的专业知识来确定责任。在医学职业中如此，但在体育运动中则不存在这样的文件，法院在裁决关于体育运动方面的问题时要求助于专家，以获得信息和建议。

总体来看，体育教师可能因下列原因而犯有过失，需要承担相应的责任。

①没有及时采取合理的解决措施。

②提供了错误的指导。

③做出危害他人的动作。

④其行为对他人造成了高度风险。

⑤虽然采取了应有的防护措施，但学生仍处于危险之中。

⑥没有检查和/或维修学生将要使用的设备和装置。

⑦允许学生使用危险的设备和装置。

⑧允许学生参加不被允许的危险活动。

⑨没有为活动参与者提供必要的紧急救护。

⑩违反了相关的体育法律或规定。

⑪未对有意伤害别人的学生加以控制，导致出现严重的事故。

⑫没有意识到学生正处于危险之中。

⑬没有对潜在的风险给予学生足够的警告。

⑭缺乏组织与管理体育活动的技能。

⑮在进行活动前没有做好充分的准备，致使学生发生危害事故。

⑯阻止他人帮助有危险的或受伤的学生，导致危险事故。

需要注意的是，法庭若要判定体育教师有过失，就必须要证明体育教师对受到损害的人负有责任，该责任受到了破坏，并且对该责任的破坏是发生损害的起因或原因。缺少上述条件中的任何一个，通常都不会被判犯有过失。

通常情况下，体育实践活动都是在户外进行的，受各方面因素的影响，时常会发生一些运动事故。因此如何降低运动事故的风险就成为体育教师需要考虑的问题。体育教师在具体的教学实践中应严格遵守以下原则，确保学生的运动安全。

①始终坚守教学岗位，不能擅自离开。
②合格并持有证书（急救与 CPR）。
③事先了解学生的健康状况。
④了解活动参与者的体质和发展水平。
⑤积极主动地参与到教学活动之中。
⑥在活动前或活动中都要注意监督和检查教学周围的环境。
⑦监督和坚持规则和规定。
⑧告知学生处理危险事故的程序与方法。
⑨在教学活动中时刻保持警惕，排除风险。

（二）体育教师的专业技能

1. 体育课程策略的指导能力

体育学习是指学生在教师的带领和指导下，有目的、有计划地学习和掌握体育知识与技能，促进个体发展的一个过程。在这一过程中，少不了采用一些教学策略。体育学习策略就是指学生在体育学习过程中，为了实现预期的教学目标和效果，而采取的各种方法和手段。作为体育教师，一定要事先设计好合理的学习策略，帮助学生完成学习任务。

（1）激发学生运用学习策略的兴趣。

在平时的教学活动中，体育教师要有目的、有计划地向学生传授体育知识，明确体育学习的策略，提高学习效果。良好的学

## 第八章　信息技术背景下体育教师信息化教学能力的培养

习策略能帮助学生提高学习的积极性,建立主动学习的意识和习惯。

(2)指导学生掌握体育学习方法。

在体育教学的过程中,学生的学习少不了教师的亲身指导,教师要结合学生的特点和运动基础,指导学生掌握一些体育学习的方法,如动作技术学习的完整法和分解法、重复法、变换法等,逐渐地使学生学习和掌握必要的体育学习策略。

(3)为学生提供灵活运用体育学习方法的机会和条件。

在具体的体育教学实践中,体育教师要有意识地为学生的学习创造机会和条件,要充分结合学生的个体特点,创设适合学生学习与发展的教学情境,鼓励学生积极参与到教学活动之中,在学习中逐步提高自己的学习能力。

(4)尊重学生的个别差异。

每一名学生都是不同的,在性别、身体素质、运动基础、认知水平、学习能力等方面都存在着较大的差异,体育教师要尊重学生的这些差异,要根据学生各自的特点设计学习的策略,帮助学生形成有各自特点的体育学习策略,从而提升学生的学习水平。

(5)加强学生的元认知训练。

在具体的体育教学实践中,体育教师要加强对学生学习过程元认知的指导,要教会学生如何根据自己的身体特点、体育基础、学习特点制定合理的学习计划,选用适当的学习方法,并指导其在学习过程中及时地调整教学计划,从而实现学习的目标。通过学生元认知能力的培养,学生能获得良好的元认知知识和体验,从而提高体育学习的水平。

(6)强化体育教师对体育学习策略指导的意识,提高指导能力。

体育教师会教是学生会学的重要前提,学生体育学习策略的能力和水平的提高,需要体育教师的指导和帮助。为了提高对学生学习策略指导的能力,体育教师应具有策略指导的意识,学习和掌握有关体育学习策略方面的知识,并能根据体育学习的内容、方式和特点等,因势利导对学生的学习策略进行指导。

2. 课余体育竞赛活动的组织能力

课余体育竞赛活动的组织能力是体育教师所必须具备的另一种专业技能。课余体育竞赛对学生增强体质,丰富精神文化生活具有非常重要的作用,另外,它有利于发挥宣传教育作用,有利于推动学校体育事业的发展,有利于加强团结、增进友谊,有利于培养学生的集体主义精神,还有利于挖掘和培养高素质的体育人才。

(1)课余体育竞赛的常见形式。

①运动会。

学校运动会在学校中最为常见,属于综合性的运动会。其特点是项目多、规模大、参赛人数多,组织工作较为复杂。其目的是通过运动会来检验体育运动的开展水平,提高运动成绩,增进友谊和团结,弘扬体育精神。

②单项运动竞赛。

单项运动竞赛是指只进行一个运动项目的竞赛,如篮球比赛、足球比赛、排球比赛等。这类竞赛项目单一,组织工作相对简便,适合在学校中开展。

③邀请赛和友谊赛。

邀请赛和友谊赛的主要目的在于增进彼此间的友谊、相互学习,共同提高,这些竞赛活动能极大地丰富学生的业余文化生活。

④季节性单项竞赛和体育节。

这一类比赛对季节或气候条件有着较高的要求,如冬季越野等。由于这类竞赛在特定的季节下进行,容易成为学校的传统竞赛项目,能极大地激发学生参与的积极性,有利于学生养成自觉参与体育锻炼的习惯。

体育节是将各种体育活动或竞赛有机融合在一起的一种体育活动,主要包括体育竞赛和表演、体育知识竞赛、体育知识讲座等。这一体育活动对于丰富学生的课余文化生活,提高学生参与

## 第八章 信息技术背景下体育教师信息化教学能力的培养

体育锻炼的兴趣都具有十分重要的意义。

(2)年度课余体育竞赛日程安排。

年度体育竞赛日程计划是对全校一学年的体育竞赛活动所作的全面规划和安排。其内容一般包括：本学年的竞赛项目、竞赛时间、竞赛地点、参赛单位、参赛人数和主办单位等。

年度体育竞赛日程计划是由体育教研组根据本校教育工作计划的安排和实际情况,并考虑上级有关部门的竞赛安排和要求,与相关部门协商后制定,然后呈报校长审批后执行的。

在制定年度体育竞赛日程计划时,体育教师需要考虑以下几个方面。

①计划的可行性。运动竞赛时间和次数的安排应根据学校教育计划、季节特点、节假日等因素综合考虑,竞赛次数要适宜,竞赛时间分布要均匀。

②计划的群众性。课余体育运动竞赛项目的安排应考虑以不同层次学生的需求、小型多样、学生喜爱、组织简便为原则。

③计划的常规性。学校课余体育运动竞赛的项目和时间要相对固定。对于校运会、学校体育传统项目等重点比赛,应安排在比较固定的时间进行,以利于学生有计划的锻炼。

④计划的简便性。竞赛日程计划表的排列应便于检查与操作。在制定年度竞赛日程计划表时,各赛事的排列顺序,应以日期先后为准,以利于及时督促与检查。每项竞赛的具体规定,应另定竞赛规程,并提前发给各参赛单位。

(三)体育教师的教学能力

1. 体育教师的组织管理能力

(1)教学内容的组织加工能力。

作为一名教师必须要具备教学内容的组织与加工的能力。体育教师首先要认清体育学科的逻辑结构,根据学生的特点和具体实际制定出合理的教学目标和教学计划。

(2)体育课的组织管理能力。

要实现教学目标,完成教学任务,体育课是必不可少的。因此,具备良好的体育课组织与管理的能力也是体育教师的一项基本素质。体育教师的体育课组织管理能力应包括:教学内容的选择与创新能力、运动负荷安排与调整能力、教学场地的布置及运用能力、培养教学骨干的能力等。

(3)课外体育活动的组织管理能力。

课外体育活动是体育教学的有益补充,在提高学生身体素质方面扮演着十分重要的角色。一般来说,课外体育活动主要包括早操、课间操以及课余体育锻炼、训练和竞赛等形式。体育教师在上好体育课的同时,还要组织管理好课外体育活动。体育教师的课外体育活动的组织管理能力主要包括:领操能力和指挥能力、体育健身的指导能力、运动训练能力、竞赛组织能力和裁判工作能力等多个方面。

2. 体育教师的课堂教学能力

(1)教育能力。

一般来说,体育教师的教育能力主要包括对学生具体情况深入了解、分析和判断的能力;灵活运用教学方法的能力;促进学生学习水平提高的能力等。多种多样的体育活动为学生提供了发展自己的良好机会。体育教师要善于分析学生参加体育运动的动机,然后对其进行有针对性的教育,最大限度地调动学生的积极性和主动性,保证实现预期的教学任务与目标。

(2)教学能力。

体育教师的教学能力主要包括编制教学工作计划的能力;良好的语言表达能力;正确的动作示范能力;敏锐的观察能力;良好的评价教学工作的能力等。

(3)语言表达能力。

语言讲解法是体育教师非常常用的一种教学方法,要想实现这一教学方法的效果,体育教师必须要选择良好的语言表达方

## 第八章　信息技术背景下体育教师信息化教学能力的培养

式。通过良好的口头语言能有效激发学生学习的积极性，启发学生的思维，进而提高学生的学习水平。为实现这一目标，体育教师必须要认真钻研教材，充分了解学生的学习特点，采用生动、简练、有趣的语言进行教学。这是提高学生学习积极性和学习水平的重要保证。

(4)身体姿势的表达能力。

与其他学科教学不同，体育是一门关于身体运动的学科，在教学过程中，涉及各种技术动作。因此体育教师必须要具备良好的身体姿势表达能力。一般来说，体育教学中最为常用的身体姿势表达方式就是动作示范，在进行动作示范的过程中，体育教师要将各种技战术动作直观形象展示给学生。学生通过观察教师的示范动作，形成正确的动作表象，然后进行模仿练习。为提高教学的效果和质量，体育教师的示范动作必须要正确和规范，否则就会影响动作教学的质量。

(5)科学研究能力。

随着现代教育的不断发展，教师在学校教学中的研究者角色越来越重要，这是现代教育发展的一个必然趋势。长期坚守在一线的教师，积累了丰富的教学经验，对学生的了解直接又真实。如果教师能运用科学的方法去审视自己的教学活动，深入研究教材、教法和学生，必将取得良好的教学成果。

(6)现代教育技术运用能力。

随着信息化社会的到来，学校教育也发生了极为显著的变化，各种信息化技术教学手段层出不穷，逐渐地运用到教学之中，极大地提高了教学的质量和效果，可以说现代教育技术手段使得师生间的联系和沟通更加紧密和有效，大大提高了教学效率。可以想见的是，随着现代信息技术的不断发展，教育教学技术手段必将更加丰富。因此，在新的时代背景下，体育教师必须要与时俱进，不断学习和掌握新的技术教学手段与方法，这样才能提高教学水平，促进学生的发展。

### 3. 体育教师的创新意识与创新能力

(1)发扬实事求是的科学精神。

在现代信息化社会,作为一名合格的体育教师,还需要具备良好的创新意识与能力。如果要创新教学手段与方法,体育教师必须要以实事求是的态度,充分了解学生的个人特征和学习水平,制定合理的改革与创新方案。例如,在急行跳远学习中,创造出改变踏跳板为踏跳区的办法,这样扩大了踏跳板的宽度,还可以提出一些有利踏跳的规定,使学生在练习中减少怕踏不上板或踏过板的心理障碍,提高踏跳时的果断性与锻炼效果;练习跳高怕的是身体碰横杆,而采用橡皮筋替代横杆的做法效果良好,这种实用性、简易性正符合学生的实际水平,有利于学生的发展和提高。

除体育教师要了解学生的特点和具体实际外,还要了解学校的教学实际,以及家庭对学生的影响,社会对学校教育的影响,民族心理教育等实际情况,只有在充分了解各方面实际的前提下,才能有的放矢,才能创新出合理的教学方法。

(2)树立标新立异的思想。

体育教师要想具备一定的创新意识与能力,就不能安于现状,要标新立异,善于打破墨守成规的套路,如传统的体育课,集合队伍,整齐报数,教师点名,宣布教学任务等是基本的教学流程。长期以来在这种呆板、军事化的教学形式下,学生难以激发学习的兴趣,教学效率大打折扣。因此,体育教师就要树立标新立异的思想,打破陈规,开发一种体育教学的新形式,这一教学形式要符合学生的心理特征的实际,符合学生的学习水平,能有效带动学生学习。

需要注意的是,树立标新立异的思想并非是科学地胡思乱想,而是在高度科学认识的基础上,充分认识与分析教学现实问题,深刻理解教育改革的方向,树立强烈的责任感与事业心。总之,标新立异的意识是教师创造能力的一个重要表现,作为一

第八章 信息技术背景下体育教师信息化教学能力的培养

名优秀的体育教师一定要在平时的教学中注意提升这方面的能力。

## 二、信息化教学对体育教师的要求

随着"互联网＋"时代的到来，信息技术的利用越来越广泛，因此具备一定的信息技术能力非常重要。一般来说，信息素养主要包含技术与人文两个层面，从技术层面来说，信息素养体现的是人们应具备一种利用信息技术的能力。从人文层面来说，信息素养则体现了人们面对信息时的心理状态。对于教师信息素养内涵的理解，国内专家、学者各有见解。江西师大的钟志贤教授将教师信息素养定义为教师应了解如何应用信息技术和信息资源获取相关教育教学信息，对信息环境中的学习过程和学习资源做出设计、应用、评价和管理，以有效促进学生学习和自身专业发展的新型综合教学能力。

学者荣曼生提出了信息化社会背景下教师具备信息素养的重要性以及应该具备哪些方面的信息化素养。他将教师的信息素养分为：信息意识情感、信息伦理修养、信息科学技术常识、信息能力四个部分。在现代信息技术背景下，教师信息素养的提升能为教师的教学工作带来极大的帮助，因此作为一名体育教师一定要在平时的教学工作中加强自身信息化技术能力的培养。

（一）体育教师的信息意识

教师的信息意识是指教师对于信息重要性的认识以及获取、处理与应用信息的能动性。信息意识的高低在很大程度上决定了教师通过什么信息手段来获取信息，在具体的实践教学中，教师在面临困难能否想到通过信息技术来解决问题，这是非常重要的一点。对于教师而言，只有具备了良好的信息意识，才能变被动为主动，积极寻求信息技术解决问题的方法。也只有如此才能以积极进取的心态培养学生的信息素养,让学生充分认识到信息技术的重要性,接受信息化教育。

总体而言,体育教师要转变传统的观念和意识,认识到信息技术的重要性,遇到困难时能首先想到利用信息技术来寻求帮助。在日常的教学工作中要善于利用信息技术解决问题,同时要养成积累信息的习惯,久而久之对身边的信息就会具有敏感性,从而发掘和提升信息在教育教学中的重要价值。[①] 除此之外,教师还应具备主动提升自身信息素养的意识,不断提升自身的信息素养,这对于学校体育教学质量的提高是非常有利的。

## (二)体育教师的信息知识

信息知识是信息素养的重要构成部分,是信息意识在信息实体当中的体现,是充分发挥信息能力的重要前提。教师的信息知识素养是指教师对于信息理论应有基本的了解和掌握,具备获取信息与使用信息的知识。教师应充分了解信息理论方面的基本知识,如计算机系统的工作原理、信息系统的软硬件设施与构成等。此外,还应掌握传播信息的方法与技能,懂得应用何种工具获取对自身的工作与学习有关的知识,这是当今时代教育信息化对体育教师提出的最基本要求。

## (三)体育教师的信息技术与教学整合能力

信息技术为人们的生活、学习和工作都带来了极大的便利,信息技术成为人们发展的重要工具之一。在学校教育中,信息技术也成为教师一种重要的技能。教师不仅要能够利用信息手段来获取、处理信息,更重要的是具备将信息技术有效利用到自己的课堂教学之中、整合信息技术与学科教学的素养。信息技术与学科教学的整合,并非仅仅将信息技术作为一个附加性工具,而是强调要利用信息技术营造一种信息化的教学环境,一种

---

① 李延旭."互联网+"时代农村教师信息素养提升研究[D]. 山东师范大学,2019.

## 第八章　信息技术背景下体育教师信息化教学能力的培养

能够把学生的主动性与积极性充分调动起来,使课堂的教学结构发生根本变化的教学工具。传统的课堂教学流程主要包括三个部分,即教师的课前教学设计、课中的课堂教学、课后的教学评价、自我反思与改进。而在"互联网+"时代,传统的教学过程遭遇了重大突破,取而代之的是信息化教学过程的出现。而这一教学流程的改变对教师的信息能力水平提出了更高的要求,即教师一定要具备较高的信息技术与教学整合能力,包括对于信息技术与学科教学整合的基本模式、操作方法、具体实践与课后评价、教师对于课件的制作能力、利用计算机课件来驾驭课堂的能力、将自身所教的学科与信息技术整合的能力。总之,在学校体育教学中,只有教师具备了信息技术与教学整合的能力,才能更好地组织与管理好教学过程,提高教学的质量。

### (四)体育教师的信息伦理修养

教师的信息伦理修养是指教师在信息化教学活动中必须具备的符合社会要求的道德规范。教师作为学生知识的传播者与行为的引导者,自身应具备较强的信息甄别能力,从而引导并帮助学生正确合理地筛选信息、应用信息,选择对自身有所帮助的信息化资源的同时抵制不良信息对自身可能产生的侵害。这主要包括以下三个方面。

第一,教师要以身作则,遵守各种与信息技术相关的法律法规,努力抵制不良诱惑,为学生做好表率。

第二,向学生讲授有关信息获取、信息处理与加工、信息利用以及信息交流方面的伦理规范,帮助学生建立正确的信息化意识。

第三,努力引导学生利用信息技术解决问题,使学生严格遵守符合社会要求的信息伦理规范,不能出现破坏教育和社会的现象。

## 第二节 体育教师信息化教学能力的特点与构成

### 一、体育教师信息化教学能力的特点

#### (一)复合性特点

在当今信息化社会背景下,体育教学对体育教师的教学能力提出了诸多的要求,要求体育教师不仅要具备丰富的体育知识和出色的运动技能,还要具备技术化的教学能力,也就是运用信息化技术手段进行教学的能力。作为一名新时代的体育教师,没有良好的信息化教学能力是不行的,否则就会遭到淘汰。总体而言,在信息化教学背景下,体育教师必须要掌握信息化技术,能根据不同的学习风格和不同学生的特点进行信息化教学设计,从而提高体育教学的质量。总之,体育教师的信息化教学能力呈现出一定的复合性特点。

#### (二)关联性特点

信息化教学比较复杂,涉及的因素非常多,因此体育教师的信息化教学能力也由各种子能力构成,这些子能力之间有着密切的关系。体育教师要具备出色的信息化教学能力,首先就要有一定的教学基础能力,如基本的体育知识基础、组织与管理教学活动的能力、设计教学方法的能力、出色的运动技能等。这些体育能力与信息化教学能力之间有着密切关系,呈现出一定的关联性特点。

#### (三)发展性特点

现代社会的发展非常迅速,在学校体育教育中,体育教师要

根据学生的发展特点和能力设计教学手段与方法。而在信息化教学背景下，就是要求体育教师根据学生特点与教学实际发展自己的信息化教学能力。随着现代科学技术的快速发展，信息技术的更替周期也逐步缩短，体育教师要能主动适应这一变化，顺应信息化技术教学的要求，不断完善和发展自身的教学能力结构，不断提升自身的综合教学能力，这样才能保证教学质量的提高。因此说，体育教师的信息化教学能力具有一定的发展性特点。

## 二、体育教师信息化教学能力的构成

### （一）体育教师信息化教学的知识结构

在当今社会背景下，作为一名体育教师，必须要具备一定的信息化教学能力，而要想具备这一能力，首先就要建立相应的知识结构体系，这一知识结构体系主要包括以下三个层次。

1. 第一层次

第一层次主要是指体育教师所具有的体育知识，包括体育基础理论、体育教学法知识和教学技术知识等，这是体育教师的知识基础。只有在此基础上，体育教师才能发展和提高自己的信息化教学能力。

2. 第二层次

第二层次的知识结构主要跟信息化技术有关，包括信息化学科知识和信息化教学法知识两大部分，这是信息化教学能力的知识主体，是信息化教学的核心内容所在。

3. 第三层次

第三层次主要是指体育教师的信息化教学能力体系，指体育教师能掌握各种信息化教学手段进行教学，这一方面的能力是体育教师信息化教学的核心能力。

## (二)体育教师信息化教学的能力结构

### 1. 迁移能力

(1)信息化教学横向迁移能力。

信息化教学横向迁移能力主要是指教师将一种信息化教学情境中的教学经验创造性地应用于其他新的信息化教学情境中的能力,这一能力是体育教师对原有信息化教学能力结构的延伸。在体育信息化教学中,教师所做的工作有很多,涉及教学过程的方方面面,如教学方式的选择、教学策略的设计、教学媒体的应用、教学活动的执行等。作为一名体育教师一定要学习和掌握信息化教学的能力,以上这些方面要尤为注意。

(2)信息化教学纵向迁移能力。

信息化教学纵向迁移能力主要是指教师将学习获得的知识技能应用于解决信息化教学中的实际问题,并应用于现实的信息化教学活动中的能力。信息化教学中存在着诸多问题,要想有效解决这些问题,就需要通过各种迁移手段的运用,迁移是信息化教学知识向信息化教学能力转化的关键所在。通俗地说,就是要理论与实践相结合,要学以致用。

### 2. 融会贯通能力

(1)信息化体育知识能力。

信息化体育知识能力主要是指将信息技术与体育知识相融合的能力,二者相融合会形成一定的体育知识的新形态,是原有知识的拓展,这也是信息化教学的基本要求。

(2)信息化教学法能力。

信息化教学法能力是指信息技术与一般教学法的融合能力,二者融合后可以形成一种新的知识类型。体育教师在教学的过程中,要充分利用各种信息化教学技术驾驭整个教学过程,实现既定的教学目标。

## 第八章 信息技术背景下体育教师信息化教学能力的培养

(3)信息化体育教学法能力。

信息化体育教学法能力是指信息技术与体育教学法的融合能力。作为一名合格的体育教师需要具备教学技术知识、体育教学法基本知识，当然更需要体育教师将教学技术与体育教学法融合的能力。只有将信息技术与体育理论知识、体育教学法相融合，发挥各类知识内容与各种方法策略的优势，才能使体育教师在新的体育知识形态和新的体育教学方法与策略的基础上，实现体育教学效率和效果的有效提高，才能使体育教师信息化教学能力得到有效提升，从而促进不同学生学习能力的全面发展。

### 3. 合作交往能力

体育信息化教学的合作交往能力，主要是指师生在信息化教学情境中，要彼此交换思想与感情，促进师生间的交流与沟通，以实现学生体育能力发展为主要目标的能力。

在体育教学中，体育信息化教学的合作交往能力是体育教学活动中师生的信息化互动，是信息化的教学实践，体现了教学中教师与学生之间的关系。信息化教学既是知识、技能的传授，更是学生学习能力发展的促进，因此体育教师与学生之间必须进行有效地沟通和交往。信息化教学中的教学方式体现出选择性和互动性的特点，学生的学习方式也走向了合作、对话、交流、探究与实践。其主要包括体育课堂信息化教学交往能力和虚拟信息化教学交往能力。

(1)体育课堂信息化教学交往能力。

体育教师的信息化教学交往能力主要是指在信息化教学情境中，体育教师与学生的沟通与交往的能力。在信息化技术教学中，需要实现师生之间的密切交往，确定好师生之间的相互关系，促进教学效率的提高。

(2)虚拟信息化教学交往能力。

虚拟信息化教学交往能力主要是指在虚拟的体育信息化教学情境中，师生之间的交往能力，这是信息化教学背景下保障学生学习的重要前提条件。

4. 教学评价能力

(1)对学生体育信息化学习的评价能力。

在体育信息化教学评价中,既要关注学生个体的发展与差异,又要密切关注学生创造能力的发展和提高;既要关注对学生信息化学习中知识技能的评价,也要关注对学生信息化学习中实践能力发展和情感培养的评价;实现从单一的评价方式向促进学生全面发展的评价方式的转变。

在体育信息化教学中,学生的教学评价具有很强的导向性,在教学过程中,强调促进学生的体育信息化学习能力,以及信息化技术的创新意识与能力。

(2)对自身信息化教学的评价能力。

对信息化教学评价,主要是对体育信息化教学质量的评价,这一评价比较注重教学的结果。强调以促进教师专业发展为出发点的发展性评价,以帮助教师不断提高自身的教学能力和相关业务水平。

## 第三节 培养与提升体育教师信息化教学能力的策略

### 一、体育教师信息化教学能力培养的宏观策略

(一)培养与提高教师的信息意识

随着人类社会进入信息时代,信息技术的影响力越来越大,可以说信息技术在很大程度上改变了人们的工作和生活方式,为人们的一切活动提供了重要的便利。当前社会已经是一个信息

## 第八章　信息技术背景下体育教师信息化教学能力的培养

化社会,信息社会一个非常重要的特征就是信息量激增,知识更新周期缩短。教育的信息化是社会信息化的一部分,教师又是教育信息化的关键环节。信息技术融入教育领域后,教学的方式、教育资源的获取、教学环境的营造等都发生了巨大的变化。作为一名体育教师,一定要主动地适应信息化社会的这一变化,要积极主动地去学习,不断提升自身的能力素质。也就是说,体育教师既要具有一定的信息素养,还要不断提升自身的信息化教学能力,从而促进教学质量的提高。

在信息化社会背景下,培养具有一定创新意识的信息化人才非常重要。作为一名教师,一定要紧跟时代的发展和变化,努力实现自身的信息化发展。可以说,教师的信息化教学能力是时代赋予教师的责任与使命,教师一定要高度重视起来。因此,教师信息化教学能力的发展是信息时代对教师的能力要求,也是信息技术日益发展的需要。

现代信息化社会的发展,不仅要求教师具备扎实的专业知识和信息化知识,还要求教师必须要具备出色的信息化教学能力,这是信息化教学的基本要求。在此基础上,要求体育教师必须要具备完善的信息化学科知识、信息化教学法知识和信息化学科教学法知识。在信息化教学实践中,体育教师要加强自身信息意识的培养,不断提高自己的信息化教学智慧。总之,基本的教学技术能力是教师信息化教学能力发展的技术基础,而信息化教学知识和能力则是主体,体育教师要深刻认识到这一点。

（二）国家要提供必要的政策保障

发展到现在,教育信息化已经成为一种潮流,受到世界各国的重视。专门针对信息化社会的教育规划、教育改革方案,教育信息化基础设施、教育信息资源、教师信息技术与能力培训等,国家都在政策方面给予了一定的保障。从教师信息化教学能力发展的策略看,各国的政策支持与保障,集中体现在相关通用教师教育技术能力标准的颁布与实施、教师相关信息技术能力的国家层面的培训项目支持等。

随着信息化社会的不断发展,各国在加强教师信息技术能力培训的同时,还在不断调整教师的能力要求,这是符合与时俱进的基本要求的,如美国公布的《面向教师的美国国家教育技术标准》(2008版)已历经四次修订,新加坡的 Master Plan(简称 MP 项目)规划也是经历三次修订,并于2009年年初公布了最新的 MP 计划。各个国家都随着时代的发展,相继调整自己的教师教育技术能力标准与能力发展项目,这适应了时代变化的要求。我们所主张的教师信息化教学能力动态发展的观点,也正是基于此。动态变化并非是难以确定,而是顺应了时代变化的需要。通用的相关教师教育技术能力的标准,既是对教师相应能力的规范,也是对教师相关能力发展项目的引导。我国在2004年颁布实施《中小学教师教育技术能力标准(试行)》,也对教师的信息教学能力提出了一定的要求,并制定了相关的技术能力标准。这为教师的信息教学能力的发展提供了一定的政策保障。

总的来说,教师信息化教学能力的发展,既要明确信息教学的相关要求,又要与时俱进地调整教师能力标准的规范,不断加强教师的信息化能力培训。但要想促进教师信息教学能力的进一步发展,国家政策层面还应该不断加强教师信息化教学能力发展的经费投入。教师信息化教学能力的发展绝非是依靠单一的相关能力培训就能解决的,培训仅仅是其能力发展阶段的重要促进环节而已。我们一直强调教师信息化教学能力发展的多层面和终身化,尤其是教师的自主学习和教学应用实践的策略显得更为重要。因此,国家也应该从相关政策上鼓励、支持,并有效保障教师信息化教学应用实践。与其他教育发达国家相比,我国无论是在政策保障方面,还是教师能力培养方面,都处于相对落后的地位,需要今后加大投入,逐步缩小差距。

(三)要加强学校教育的改革

为适应现代信息社会的要求,培养信息化社会所需的高素质

### 第八章 信息技术背景下体育教师信息化教学能力的培养

人才,各国一直在进行教育的改革,以适应信息化社会对人才培养的挑战与要求。应该说,教育教学改革在课程体系、实践教学、教学方法策略等方面,已经有了很大的改革与引导。我国基础教育的相关改革也取得了一定的进步,这是值得肯定的。

在我国学校教育中,存在着教师教育改革落后于基础教育课程改革的现象。这一现象是长期存在的,而在信息化社会发展的今天,在教师信息教学能力培养方面也存在这种现象。从教师信息化教学能力发展的角度分析,美国和新加坡教师信息技术能力培训标准的这种价值取向变化,强调了教师信息化教学能力发展的目的是要促进学生信息化学习能力的发展。从这种价值取向的变化看,教师有关信息技术能力的培训,相应的教学评价就不能仅仅局限于教师信息化教学能力的提升,而更应该把相关教师能力标准、教师的相关教学评价等结合起来进行,要采取各种针对性措施和手段努力提升教师的信息化教学水平,从而促进教学质量的提升。

### (四)学校组织要提供必要的支持

在教师信息化教学能力发展的各种外部因素中,学校是最为直接的促进因素。其中,校长的支持、资源的准备、培训的参与、教学的交流等几个方面对教师的信息化教学能力的发展起到重要的作用。

在学校教育中,校长与教师是一种领导与被领导的关系。校长对学校教育的发展负有一定的责任。一般来说,校长对于教师的信息化教学能力发展的促进策略,集中体现在两个方面:一是校长对教师信息化教学能力的认识;二是校长对教师信息化教学能力的认可。教师信息化教学能力的发展需要来自学校层面的理解、支持、引导、帮助,既包括校长给予教师的精神鼓励,还包括必要时的物质激励手段。校长对教师信息化教学能力的认可,要在学校形成一种能力发展的氛围,这样才会有利于促进教师信息化教学能力的发展。

教师的信息化教学能力主要是在教学过程中得到提升的。因此，学校相应的信息化教学基础设施建设和教育信息化资源的设计、开发与准备是必不可少的。学校既要完善基本的教学设施建设，也要加大对信息化教学基础设施的配备力度。

加强教师的信息技术能力的培训是促进教师信息化教学水平提升的重要环节。学校可以鼓励和安排体育教师参与相关的信息技术能力发展项目培训，或专门针对本校学科教师的实际情况，组织教师参与校本培训。在职教师的培训，是促进教师信息化教学能力发展的重要方式和渠道，学校应给予必要的支持。学校可以结合国家相关政策制定促进学校教师信息化教学能力发展的文件或制度，为教师的信息化教学水平提高提供重要的保障。

在学校教育中，学校可以展开各种形式的信息化协作教学活动以提高教师的信息化教学能力，如信息化教学集体备课、集体讨论、集体教学研究等。学校既可以组织面向本校教师的信息化协作教学交流，也可以利用网络等方式，促进不同学校、不同地区，甚至是不同国家的相关学科教师，开展教学交流与对话。既可以是教师间的协作交流，也可以是师生、教师与专家的交流对话。通过各种交流与合作，不同的教师能交流心得和体会，可以取长补短，获得发展。

## 二、体育教师信息化教学能力培养的中观策略

要想提高体育教师的信息化教学能力，首先就要掌握一定的方式、方法和策略，这是信息化教学能力培养的中观层面。在这一层面中，体育教师的职前培养、教学实践、在职培训、协作交流、自主学习等是最为主要的几个方面。

（一）进行职前和在职培养

体育教师信息化教学能力的发展是一个系统的过程，进行职

# 第八章　信息技术背景下体育教师信息化教学能力的培养

前与在职培训是体育教师信息化教学能力发展的重要促进环节，二者是紧密结合的。通过职前培训，可以使体育教师系统掌握信息化教学技术的知识和能力，为下一步体育教师在体育教学过程中运用信息技术打下了坚实的基础。通过在职培训，可以让体育教师及时学习最新的信息化教学技术，并可以与更多的体育教师进行沟通交流，从而提高自己的信息化教学能力。

### （二）传统方式与网络方式相结合

在当今体育教学中，利用信息化技术进行教学时，也不要忽略了传统的教学方式，要将传统的教学方式与网络方式结合起来进行。教师在教学过程中要与学生不断进行面对面的交流，不断提高自己的信息化教学能力。随着信息技术的不断发展，人们获取信息资源的渠道逐渐多元化，无论是知识的获取，还是教学经验的分享等都可以通过网络来获取。因此，将传统方式和网络方式结合起来能极大地提高教师的教学能力，从而促进教学质量的提升。

### （三）自主学习与合作交流相结合

在信息技术教学背景下，体育教师要想具备一定的信息化教学能力，就需要通过不断的学习和提高，以适应不断发展和变化着的学校教育。在平时的工作中，体育教师可以通过自主学习掌握基本的信息化技术手段，与其他的体育教师进行沟通与合作，多参加一些与信息化教学有关的研讨课等，逐步提升自己的信息化教学能力。在面对面协作交流的过程中，要注重提高虚拟的、跨时空的协作交流能力。这对于体育教师掌握信息技术，提高教学水平具有非常大的帮助。

### （四）技术知识与实践应用相结合

信息化技术知识与能力主要是体育教师通过职前培训得到的，但需要注意的是，光掌握信息化技术知识还远远不够，还要具备一定的技术知识与实践应用相结合的能力。通过信息技术的培训,体育教师可以在学习中体验和模仿,强化和提高对信息技术知识的实践应用能力。只有将技术知识与实践应用充分结合起来才能实现既定的学习目标。

## 三、体育教师信息化教学能力培养的微观策略

### (一)掌握基本的教学技术软件

信息化教学的技术手段有很多。作为一名体育教师,一定要学习和掌握基本的教学技术软件,尤其是对于一些年龄较大,不易接受新鲜事物的体育教师而言。在平时的信息化教学中,PPT演示文稿、多媒体教学软件等都是最为常用的技术,体育教师还要利用计算机搜集和掌握一些教学素材,不断提高自己的多媒体技术能力,从而不断提高自己的信息化教学能力。

### (二)参加一些网络技术培训课程

随着现代信息化技术的不断发展,网络上出现了各种培训课程,其中有关网络技术的培训课程也是相当多的,这一部分课程既有免费的也有付费的,通常都有着较强的专业性。作为一名体育教师,尤其是信息化技术教学水平较差的教师,可以多参加一些网络技术课程的学习,从而提升自己的信息化教学能力。

### (三)向其他教师请教和学习相关经验

与其他课程相比,体育课程有着一定的独特性。在平时的教学中,信息化技术手段的利用率不高,但不是完全用不到。相对于其他学科的教师,体育教师的信息化教学能力相对较弱,因此向其他学科的教师请教和学习是一个非常好的手段。体育教师可以通过面对面与其他教师的交流,听取信息化教学的经验,或是通过听课等方式来有效提升自己的信息化教学能力。

# 参考文献

[1]毛振明.体育教学论(第三版)[M].北京:高等教育出版社,2019.

[2]王丹.体育教学的理论与实践探索[M].北京:北京理工大学出版社,2019.

[3]周春娟.高校体育教学的影响因素分析与改革探索[M].青岛:中国海洋大学出版社,2018.

[4]曹电康.信息化时代体育教学思维转变及其改革发展探索[M].北京:中国水利水电出版社,2019.

[5]李薛.现代教育技术革新下高校体育教学研究[M].北京:中国纺织出版社,2019.

[6]冯德学.体育教育教学研究方法概论[M].西安:陕西师范大学出版总社有限公司,2016.

[7]毛振明.简明体育课程教学论[M].北京:北京师范大学出版社,2009.

[8]张振华.体育教学理论与方法[M].北京:北京师范大学出版社,2016.

[9]于晓东,刘庆广,窦秀敏.体育课程热点探索[M].北京:人民体育出版社.2008.

[10]程晖.体育新课程背景下学校体育理论研究[M].北京:科学出版社,2016.

[11]刘剑.高校公共体育课教学改革的研究与探索[M].西安:西安地图出版社,2009.

[12]夏志琴.我国高校体育教学内容改革的探讨[J].内江科技,2012,33(02):73.

[13]吴明智.高校体育教学内容体系的构建与优化[J].运

动,2013(19):94-95.

[14]王崇喜.体育课程与教学改革研究[M].郑州:河南大学出版社,2014.

[15]韩建华.谈体育教学中的健康教育的渗透[J].甘肃教育,2019(14):186.

[16]龚正伟.体育教学论[M].北京:北京体育大学出版社,2008.

[17]刚红光."探究式教学法"体育教学中的应用[J].现代企业教育,2011(22):34-35.

[18]龚坚.现代体育教学论[M].重庆:西南师范大学出版社,2009.

[19]卢丹旭.体育教学与模式创新[M].北京:中国纺织出版社,2018.

[20]邵伟德.体育教学模式论[M].北京:北京体育大学出版社,2005.

[21]刘鸿国.现代信息技术与初中体育教学的有效整合[J].课程教育研究,2019(38):233-234.

[22]乔小进.信息技术与中学体育教学的整合探究[J].教育信息化,2019(20):85-86.

[23]张文兰.信息技术与课程整合[M].西安:陕西师范大学出版社,2012.

[24]何克抗,吴娟.信息技术与课程整合[M].北京:高等教育出版社,2007.

[25]杨雪芹,刘定一.体育教学设计[M].桂林:广西师范大学出版社,2008.

[26]秦椿林,袁旦.体育管理学[M].北京:北京体育大学出版社,1995.